新时代智库出版的领跑者

国家智库报告 2025（3）
National Think Tank

经 济

中国人力资源市场发展报告（2024年）

产教融合与技能人才培养

中国社会科学院人力资源研究中心 编

CHINESE HUMAN RESOURCES MARKET DEVELOPMENT
REPORT 2024: PRODUCTION-EDUCATION INTEGRATION
AND HIGH-SKILLED TALENTS CULTIVATION

中国社会科学出版社

图书在版编目（CIP）数据

中国人力资源市场发展报告. 2024 年：产教融合与技能人才培养／中国社会科学院人力资源研究中心编. -- 北京：中国社会科学出版社，2025.1. --（国家智库报告）. -- ISBN 978-7-5227-4852-8

Ⅰ. F249.212

中国国家版本馆CIP数据核字第2025TH9020号

出 版 人	赵剑英
责任编辑	李斯佳
责任校对	刘　娟
责任印制	李寡寡
出　　版	中国社会科学出版社
社　　址	北京鼓楼西大街甲158号
邮　　编	100720
网　　址	http://www.csspw.cn
发 行 部	010-84083685
门 市 部	010-84029450
经　　销	新华书店及其他书店
印刷装订	北京君升印刷有限公司
版　　次	2025年1月第1版
印　　次	2025年1月第1次印刷
开　　本	787×1092　1/16
印　　张	10
插　　页	2
字　　数	131千字
定　　价	59.00元

凡购买中国社会科学出版社图书，如有质量问题请与本社营销中心联系调换
电话：010-84083683
版权所有　侵权必究

摘要： 本书对 2023 年人力资源市场的总体形势进行了分析，在此基础上，聚焦技能人才培养中的产教融合问题，并进行了专题研究。

从人力资源市场情况看，2023 年人力资源市场正处于调整期，面临着需求不足、结构性矛盾突出及悲观情绪弥漫等多重挑战，需要采取有效措施来应对这些问题，以促进就业市场的健康发展。在就业需求方面，用人单位总体就业需求增长乏力，尤其是制造业用工需求出现了收缩。高校毕业生就业压力依然较大，求职者中已确定工作意向的比较低，显示出就业搜寻的结构性矛盾更加显著。高校毕业生的工作搜寻周期延长，"慢就业"趋势日益凸显。高校毕业生及其他群体普遍对未来就业形势持有较为消极的态度。人力资源服务业务本身出现了收缩的趋势，表明市场需求不足对人力资源市场的供求关系造成的负面影响比较明显。

本书专题分析报告部分聚焦研究技能人才培养过程中的产教融合状况。产教融合是培养技能人才的重要途径，近年来备受各界关注。但由于内涵和机制认识不清楚、融合模式探索不深入、体制机制设计不完善等，产教融合落地出现一些问题。因此，本书主要探讨了产教融合的理论基础、问题挑战、国际经验、地方实践等内容。

一是在理论基础方面，本书提出产教融合的根本目的是生产行业专用性人力资本，融合的本质是参与各方资源和资本的组合，推进的难点是信息不对称和公共产品投入等引起的市场失灵，政策改革的重点是从支持学校转向支持企业以提高其参与积极性。

二是在问题挑战方面，产教融合的主要问题是校企合作渠道不够畅通，企业缺乏足够的保障和激励措施。企业和学校参与机制不健全，政策优惠申请流程烦琐且力度不足，混合所有制探索存在政策协调难题，资产界定、产权归属等缺乏明确依据，增加了合作风险。

三是在国际经验方面，本书对标德国"双元制"职业教育体系，通过提取和分析德国的手段和背景，将德国"双元制"手段嫁接到中国职业教育发展的背景中，分析这些手段在中国背景下的可塑性，提出了中国产教融合在产业端加强体系建设的政策建议。

四是在地方实践方面，本书选取了政府建设的公共实训基地和合肥经开区人力资源"蓄水池"项目两个案例。公共实训基地是深化产教融合的重要平台，相关章节详细介绍了广州、绵阳、重庆和广西四个案例，对其运营模式特点和有益经验进行了总结归纳。人力资源"蓄水池"项目促进了技能人才培养、储备和使用的良性循环，在打通人才链和产业链融合的断点、堵点过程中发挥了积极作用。这些案例对各地探索切实可行的产教融合模式具有一定的参考借鉴价值。

关键词：人力资源市场　产教融合　技能人才　高质量充分就业

Abstract: This book analyzes the overall situation of the human resources market in 2023. Based on this analysis, it focuses on the issue of industry–education integration in the cultivation of skilled talents and conducts a special study.

From the perspective of the human resources market, the market in 2023 is in a period of adjustment, facing multiple challenges such as insufficient demand, prominent structural contradictions, and widespread pessimism. Effective measures need to be taken to address these issues in order to promote the healthy development of the employment market. In terms of employment demand, the overall employment demand from employers is growing weakly, especially with a contraction in the labor demand of the manufacturing sector. The employment pressure on college graduates remains high, with a relatively low proportion of job seekers having confirmed employment intentions, indicating that the structural contradictions in employment search are becoming more significant. The job search cycle for college graduates has lengthened, and the trend of "slow employment" is increasingly evident. Both college graduates and other groups generally hold a more negative attitude towards the future employment situation. The human resources service business itself has shown a trend of contraction, indicating that the negative impact of insufficient market demand on the supply and demand relationship in the human resources market is quite evident.

The special research section focuses on the industry–education integration in the process of cultivating skilled talents. The industry–education integration is an important pathway for cultivating skilled talents and has attracted widespread attention in recent years. However, due to unclear understanding of its connotation and mechanisms, insufficient exploration of integration models, and imperfect institutional design, some problems have emerged in the implementation of industry-education integration. Therefore, this book mainly discusses the theoretical foundations, challenges, international experiences and local practices related to industry-education integration.

Firstly, in terms of theoretical foundations, this book proposes that the fundamental purpose of industry-education integration is to produce industry-specific human capital. The essence of integration is the combination of resources and capital from all participating parties. The main difficulty in promoting integration is market failure caused by information asymmetry and the investment in public goods. The focus of policy reform should be on shifting support from schools to enterprises in order to enhance their enthusiasm for participation.

Secondly, in terms of challenges, the main issues with industry-education integration are the lack of smooth channels for school-enterprise cooperation and the insufficient safeguards and incentives for enterprises. The participation mechanisms for both enterprises and schools are not well-established. The application process for policy preferences is cumbersome and the support is inadequate. There are difficulties in policy coordination in exploring mixed-ownership models, and the lack of clear basis for asset definition and property rights attribution increases the risks of cooperation.

Thirdly, in terms of international experience, this book benchmarks Germany's "dual system" vocational education model. By extracting and analyzing the means and context of Germany's approach, the book grafts these methods onto the context of China's vocational education development. It examines the adaptability of these methods within the Chinese context and proposes policy recommendations for strengthening system construction on the industrial side of China's industry-education integration.

Fourthly, this book selects two cases: the public training bases constructed by the government and the Human Resources Reservoir Project in Hefei High-Tech Zone. The public training bases are important platforms for deepening industry-education integration. The relevant chapters provide detailed introductions to four cases in Guangzhou, Mianyang, Chongqing, and Guangxi, summarizing and generalizing their operational model characteristics and valuable experiences. The Human Resources Reservoir has facilitated a virtuous cycle of skilled talent cultivation, reserve, and utilization, and has played a positive role in bridging the gaps and removing blockages in the integration of the talent chain and the industrial chain. These cases offer certain reference value for other regions to explore feasible models of industry-education integration.

Keywords: Human Resources Market, Industry-education Integration, Skilled Talent, High-quality Full Employment

目 录

总 论 ……………………………………………………………（1）

Ⅰ 市场分析篇

第一章 人力资源市场运行特征、问题与挑战 …………（7）
  第一节 人力资源市场监测基本情况 ………………………（7）
  第二节 市场主体用工需求状况 ……………………………（8）
  第三节 人力资源服务机构状况 ……………………………（12）
  第四节 求职人员就业需求状况 ……………………………（18）
  第五节 对策建议 ……………………………………………（22）

第二章 人力资源市场供给发展特征与态势 ………………（25）
  第一节 高校毕业生就业形势依然严峻 ……………………（26）
  第二节 高校毕业生普遍偏好技术岗、普通行政管理岗或
          中高层管理岗 ………………………………………（29）
  第三节 求职人员期望工资水平有所回升 …………………（31）
  第四节 求职人员工作搜寻周期延长，长期失业
          风险加大 ……………………………………………（32）
  第五节 平台兼职与自主创业等就业形式的
          重要性增加 …………………………………………（34）
  第六节 高校毕业生的就业预期依然偏低 …………………（36）

第七节 高校毕业生"慢就业"态势明显……………………（39）
第八节 人力资源市场供给侧的总体判断………………（40）

第三章 人力资源需求特征与形势变化……………………（43）
第一节 用工需求总体状况………………………………（43）
第二节 不同类型企业用工需求状况……………………（44）
第三节 ……………………………………………………（51）

第四章 人力资源服务业发展与形势变化…………………（54）
第一节 各类所有制人力资源服务机构占比相较于
 2022年总体保持稳定……………………………（54）
第二节 小型人力资源服务机构占比减少，大中型
 人力资源服务机构占比提升……………………（55）
第三节 中等人口规模人力资源服务机构占比扩大，
 其他人口规模占比缩小…………………………（57）
第四节 人力资源服务业学历结构呈现两端上升趋势：
 高中及以下与研究生及以上学历占比增高………（58）
第五节 劳务派遣、外包与招聘服务成人力资源服务业
 主流………………………………………………（59）
第六节 制造业与建筑业领跑外包与派遣
 员工人次榜单……………………………………（60）
第七节 大专学历岗位需求领跑市场，受托发布招聘
 岗位最多…………………………………………（61）
第八节 高中及以下、本科与大专学历求职人员数量
 占比较高…………………………………………（62）

Ⅱ 理论与政策篇

第五章 产教融合的本质内涵和理论机制研究……………（65）
第一节 产教融合的理论内涵……………………………（65）

第二节　产教融合的融合机制分析 …………………（72）
第三节　深化产教融合的路径和改革建议 …………（77）

第六章　中国产教融合创新路径探索
　　　　——基于中德职业教育体系比较的视角 …………（81）
第一节　引言 …………………………………………（81）
第二节　文献综述 ……………………………………（82）
第三节　背景迁移比较法介绍 ………………………（85）
第四节　德国"双元制"模式背景迁移比较分析………（86）
第五节　结论与政策建议 ……………………………（100）

第七章　产教融合中校企合作面临的问题与
　　　　推进思路 ……………………………………（102）
第一节　企业参与产教融合过程的演变 ……………（102）
第二节　产教融合现有政策体系梳理 ………………（103）
第三节　产教融合中"校热企冷"的原因 …………（105）
第四节　深化产教融合的建议 ………………………（108）

Ⅲ　实践探索篇

第八章　技能人才培养中公共实训基地的发展
　　　　路径探索 ……………………………………（113）
第一节　技能人才培养中公共实训基地的
　　　　功能定位 ……………………………………（113）
第二节　公共实训基地发展现状与存在问题 ………（115）
第三节　各地公共实训基地建设运营模式 …………（120）
第四节　促进公共实训基地高质量发展的
　　　　路径和建议 …………………………………（126）

第九章 产教融合的系统推进方式研究
　　——合肥经开区人力资源"蓄水池"
　　项目案例分析 …………………………………（129）
第一节　人力资源"蓄水池"项目诞生背景 ………（129）
第二节　人力资源"蓄水池"项目的经验做法 ………（130）
第三节　人力资源"蓄水池"的理论探索 …………（135）
第四节　启示与建议 …………………………………（139）

参考文献 ……………………………………………（141）

后　记 ………………………………………………（144）

总　　论

一　研究目的

人才是衡量一个国家综合国力的重要标准。高素质技能人才是实施创新驱动发展战略、壮大现代产业体系的重要支撑。培养高素质技能人才离不开产教融合，党的二十届三中全会提出："加快构建职普融通、产教融合的职业教育体系。完善学生实习实践制度。"① 然而，受体制机制等多重因素的影响，当前技能人才培养与产业需求在结构、质量、水平上还不能完全适应。因此，通过深化产教融合，促进教育链、人才链与产业链、创新链有机衔接，是当前推进人力资源供给侧结构性改革的迫切需求，对新形势下全面提高教育质量、扩大就业创业、推进经济转型升级、发展新质生产力具有重要意义。

从产生来源看，产教融合首先是一个政策概念，在2013年党的十八届三中全会《中共中央关于全面深化改革若干重大问题的决定》中被首次正式提出。此后，产教融合成为国家科教人才工作的重要抓手，一系列落实性文件陆续出台，例如《国务院办公厅关于深化产教融合的若干意见》、《建设产教融合型企业实施办法（试行）》和《职业教育产教融合赋能提升行动

---

① 《中共中央关于进一步全面深化改革　推进中国式现代化的决定》，人民出版社2024年版，第14页。

实施方案（2023—2025年）》等。在政策的推动下，近年来产教融合成为教育界和企业关注的热门领域，产生了一大批产教融合项目。

然而，在各地实践中，产教融合政策实施效果与预期目标还存在较大差距，如企业和职业院校对接渠道不够畅通、企业参与产教融合体制机制不健全、学生技能与企业需要间仍有较大距离等。明确这些问题的成因并给出合理的解决方案，需要理论界给出更明确和更系统的指导。然而，现有研究对产教融合概念内涵、理论机制、问题及其成因、改革方向和措施都缺乏深入而系统的分析。为弥补这些不足，本书聚焦于人力资源市场供给侧，以"产教融合与技能人才培养"为主题，试图探讨产教融合的理论和现实问题，并通过解剖实践案例，探讨产教融合行之有效的推进模式，从而为各级政府、产业界和学术界进行相关决策和研究提供参考借鉴。

二 研究方法和数据

本书的研究数据主要来自人力资源市场动态监测调查，该调查由中国社会科学院人口与劳动经济研究所与人力资源社会保障部人力资源流动管理司联合开展。调查围绕高校毕业生、农民工等群体，涵盖岗位供给、求职需求、供需匹配三个维度，通过向人力资源服务产业园、人力资源服务企业、各级人才公共服务机构发放调查问卷，重点开展结构分析和趋势分析，关注人力资源市场新现象、新问题，基于调查数据提出政策建议。

三 研究框架与主要结论

2024年的中国人力资源市场发展报告主要分为两大部分：第一部分是人力资源市场监测数据分析，第二部分是为专题分析报告。

在人力资源市场监测数据分析部分，总体来看，2023年人力资源市场正处于调整期，面临着需求不足、结构性矛盾突出及悲观情绪弥漫等多重挑战，需要采取有效措施来应对这些问题，以促进就业市场的健康发展。

在就业需求方面，总体上用人单位的就业需求增长乏力，尤其是制造业用工需求出现了收缩。高校毕业生就业压力依然较大，到2023年第四季度，求职者中仅有三成已确定工作意向，显示出就业搜寻的结构性矛盾更加显著。高校毕业生的工作搜寻周期延长，"慢就业"趋势日益凸显；从对未来的预期看，高校毕业生及其他群体普遍对就业形势持有较为消极的态度。

人力资源服务机构的情况显示，市场需求不确定性增加。一方面，它们吸纳了较高质量的人才就业，招聘岗位的工资水平稳步增长；另一方面，传统服务业的用工需求有所增长，但人力资源服务业务本身出现了收缩的趋势，表明市场需求不足对人力资源市场的供求关系造成的负面影响比较明显。

在专题分析报告部分，本书聚焦技能人才培养与产教融合，主要探讨了产教融合的理论基础、问题挑战、国际经验、地方实践和政策建议几个方面的内容。

在理论基础方面，本书尝试根据人力资本理论，对产教融合的本质内涵、融合机制进行理论分析，并依据理论基础指出产教融合的深化路径。主要结论是：产教融合的根本目的是生产行业专用性人力资本，融合的本质是参与各方资源和资本的组合，推进的难点是信息不对称和公共产品投入等引起的市场失灵，政策改革的重点是从支持学校转向支持企业以提高其参与积极性。

在问题挑战方面，本书专门探讨了产教融合校企合作中存在的问题。主要结论是：一是校企合作渠道不够畅通，"合而不深"问题突出。企业倾向于快速引进而非长期培育人才，职业院校专业设置滞后于新技术和新产业需求，导致育才与需求脱节。二是企业和学校参与机制不健全，企业感到缺乏足够的保障和激励措施，政策优惠申请流程烦琐且力度不足，资产界定、产权归属等缺乏明确依据，增加了合作风险。

在国际经验方面，本书通过提取和分析德国的手段和背景，借鉴德国"双元制"职业教育体系，分析其在中国背景下的可塑性，提出了中国产教融合在产业端加强体系建设的政策建议。

在地方实践和政策建议方面，本书选取了两个产教融合案例，一个是关于公共实训基地的分析，另一个是合肥经开区人力资源"蓄水池"项目。第一个案例研究了公共实训基地的功能定位和运行模式。公共实训基地是深化产教融合的重要平台，本书对公共实训基地的多重功能、重大意义和存在问题进行了深入分析，并选择广州、绵阳、重庆和广西四个实训基地，对其运营模式特点和有益经验进行了总结归纳。第二个案例研究了一种推进产教融合的系统化解决方案——人力资源"蓄水池"，促进了技能人才培养、储备和使用的良性循环，在打通人才链和产业链融合的断点、堵点过程中发挥了积极作用。这些案例对各地探索切实可行的产教融合模式具有一定的参考借鉴价值。

Ⅰ 市场分析篇

第一章 人力资源市场运行特征、问题与挑战

当前中国人口与经济结构加快转变,就业结构性矛盾更加突出,依托人力资源服务机构及时掌握人力资源供求动态以及匹配状况,对于促进新时代背景下人力资源市场发展与就业工作具有重要意义。

第一节 人力资源市场监测基本情况

当前官方权威、有全国代表性的劳动力市场监测数据主要来自国家统计局、人社部相关部门的常规监测项目,主要依靠住户抽样调查和企业用工调查,同时,依托人力资源服务机构及时掌握就业动态是一个重要的补充,有助于决策部门更加及时、全面地了解就业状况。中国社会科学院人口与劳动经济研究所与人力资源社会保障部人力资源流动管理司联合开展人力资源市场动态监测,围绕高校毕业生、农民工等群体,通过人力资源服务机构定期调研,每一季度形成分析报告,为推动就业工作和完善就业政策提供决策参考。

经过几年的探索实践,本书课题组初步建立了持续、动态、反映供需两侧的人力资源市场监测体系。按调查任务和目标,完成人力资源一线观察调查方案和问卷设计,每一季度末定期组织开展调查。调查涵盖岗位供给、求职需求、供需匹配三个

层面，通过向人力资源服务产业园、人力资源服务企业、各级人才公共服务机构发放调查问卷，自主设计问卷在线调查系统，保障调查数据质量和数据安全性。2023年人力资源市场监测样本情况如表1-1所示。

表1-1　　　　　　　2023年人力资源市场监测样本情况

	用人单位（家）	求职人员（人）	人力资源服务机构（家）
第一季度	1211	8068	891
第二季度	546	6202	557
第三季度	1160	4900	1054
第四季度	1121	5551	786

第二节　市场主体用工需求状况

一　就业需求增长乏力

用人单位就业需求增长明显放缓。2023年第四季度用人单位岗位净增长率为0.5%，环比（较2023年第三季度）大幅下降2.1个百分点，同比（较2022年第四季度）下降0.5个百分点（见图1-1）。东部地区就业需求增长基本停滞，2023年第四季度用人单位岗位净增长率仅为0.1%，较2022年同期下降1.6个百分点，给总体就业需求增长造成较大影响。第四季度就业需求出现较大变化，中断了2023年第一季度以来良好的就业恢复态势，反映出当前就业总需求不足、矛盾依然突出的问题，保持总需求稳定仍然是当前宏观经济政策的首要任务。

二　制造业与私营企业的就业增长保持稳定

制造业与私营企业的就业需求延续良好增长态势，在总需求放缓的情况下对就业形势稳定发挥积极作用。2023年第四季度制造业的岗位净增长率为2.6%，较上一季度下降了0.2个百

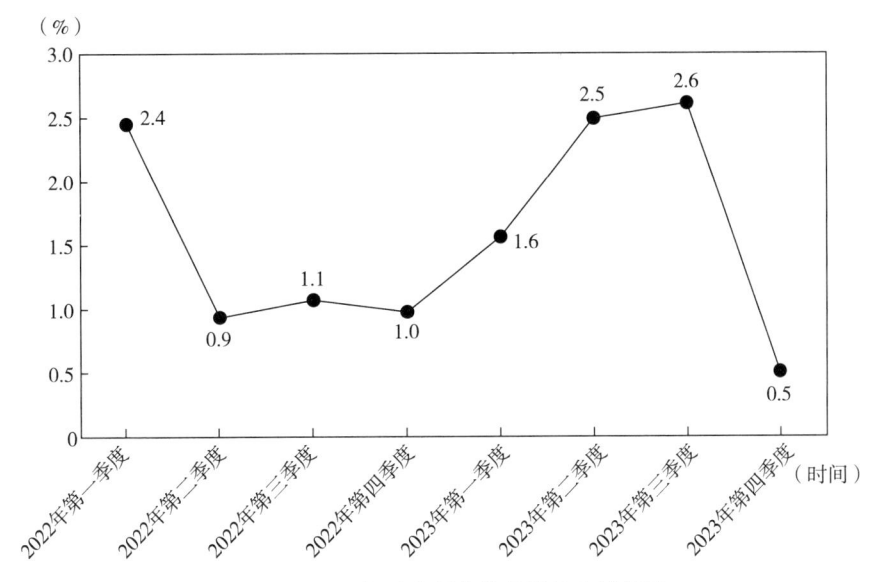

图 1-1　2022 年以来用人单位岗位净增长率

注：岗位净增长率＝（招聘岗位数－离职岗位数）/期末在岗职工人数。2022 年开始每一季度末开展监测。

分点。生活性服务业经过新冠疫情冲击之后出现快速反弹，目前就业需求增长基本释放完毕，第四季度的岗位净增长率出现下降。从所有制类型看，如图 1-2 所示，私营企业的岗位净增长率保持较快增长，国有及国有控股企业的岗位净增长率出现明显下降，当前就业需求变化呈现出不稳定的显著特征，总需求不足与需求结构性矛盾并存。

三　需求不足影响人力资源市场供求关系

2023 年第四季度 10.9% 的用人单位出现过短期停工停产情况，较第一季度提高了 4.5 个百分点，反映出当前经济恢复状态尚不稳定，经济运行仍然比较脆弱。如图 1-3 所示，2023 年第四季度用人单位表示招工比较困难或非常困难的比重为 15.6%，较上一季度下降了约 10 个百分点，为 2022 年以来最低水平，招工难现象缓和反映出用人单位的就业需求不足的情况，人力资源市场供求关系发生了显著变化。

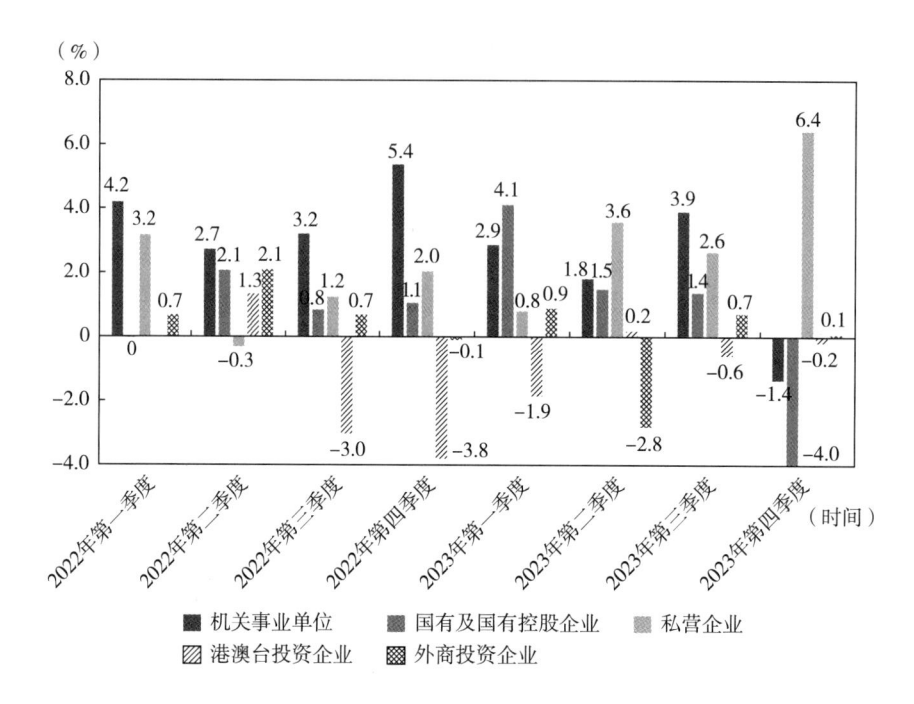

图 1-2　2022 年以来分所有制类型用人单位岗位净增长率

注：2022 年第一季度调查未将港澳台投资企业单独分类。

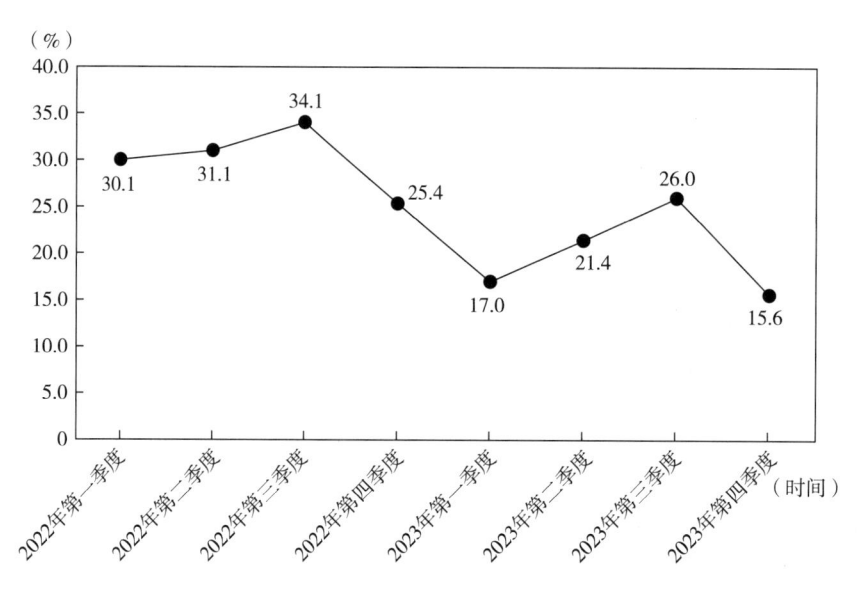

图 1-3　用人单位反映存在招工困难的比重

注：存在招工困难包括招工比较困难和非常困难。

四 2024年就业需求预期偏紧

当前市场主体出现悲观情绪，就业形势具有较大的不确定性。2024年第一季度用人单位计划招聘率为5.3%，2024年全年计划招聘率为15.1%，但全年计划离职率也达到10.2%，意味着就业岗位净增长空间有限。2023年第四季度监测的行业景气度平均得分仅为5.00分（满分为10.00分），较上一季度（5.76分）出现显著下降（见图1-4）。部分用人单位对行业发展与单位自身发展表现出悲观情绪，约15%的用人单位表示下一年度行业发展将出现极度萎缩（见图1-5）。2024年上半年经济运行出现收缩迹象，下半年出台了一系列强有力的刺激政策，实现经济平稳运行的宏观数据与微观感受的反差较大，如何稳住市场主体预期是当前宏观政策需要关注的突出问题。

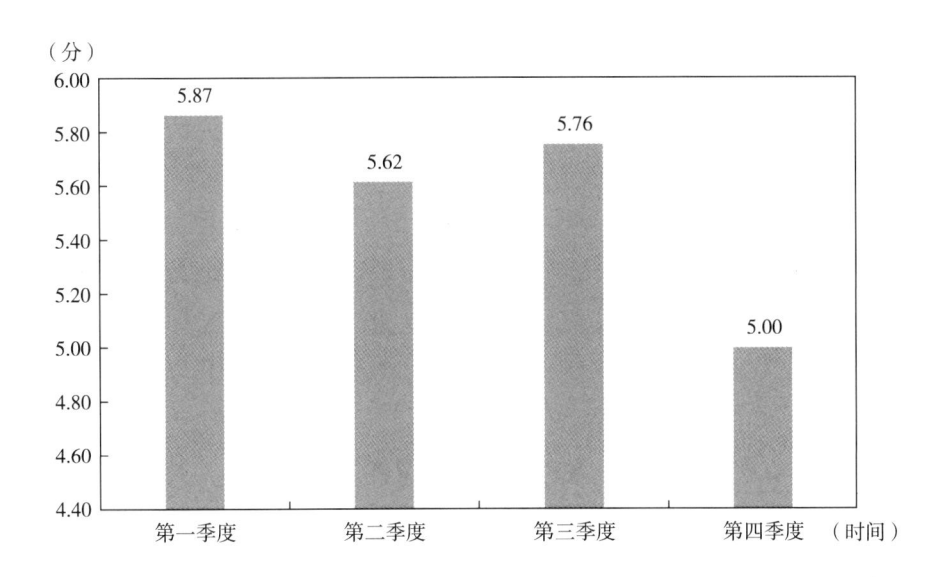

图1-4 2023年以来行业景气度变化

注：采取主观判断打分测量，1.00—10.00分，1.00分表示极度萎缩，10.00分表示极度繁荣。

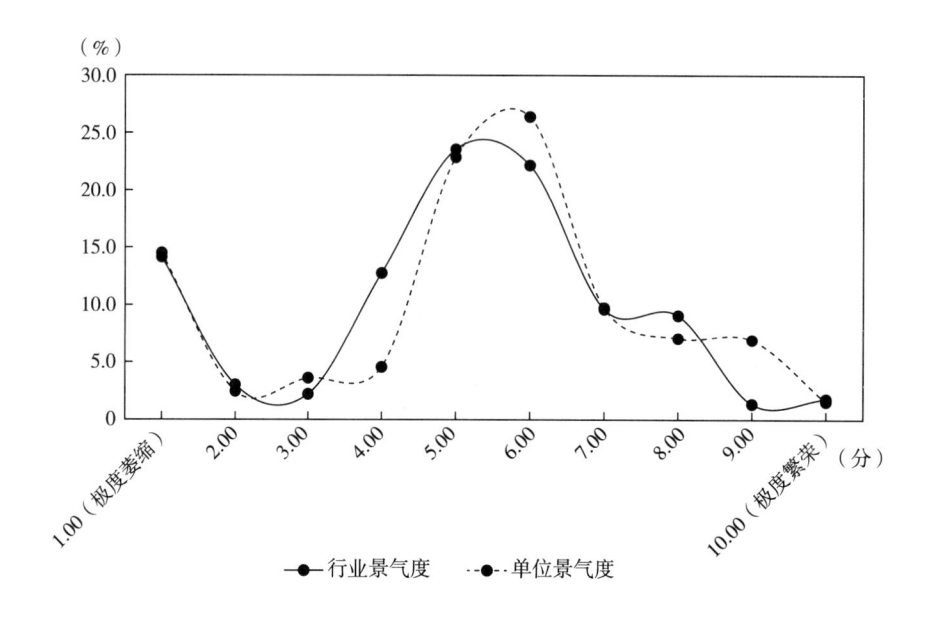

图 1-5　2023 年第四季度的行业景气度与单位景气度分布比较

注：采取主观判断打分测量，1.00—10.00 分，1.00 分表示极度萎缩，10.00 分表示极度繁荣。

第三节　人力资源服务机构状况

一　制造业用工需求收缩，传统服务业用工需求增长

制造业用工需求趋于收缩，住宿和餐饮业、批发和零售业等劳动密集型服务业用工需求趋于扩张。制造业一直是人力资源服务机构的主要服务对象，在劳务派遣和外包服务中，制造业用工始终占主体地位。2023 年以来，制造业用工需求呈现收缩态势，在人力资源服务机构发布的招聘岗位中，制造业岗位占比从第一季度的 23.5% 下降到第四季度的 18.9%，住宿和餐饮业岗位占比从第一季度的 4.1% 提高到第四季度的 12.8%，第四季度批发和零售业岗位占比达到 11.4%，金融业岗位占比也提高到 10.8%（见表 1-2）。人力资源服务机构的岗位需求结构变化，反映出当前就业结构的快速转变。

表 1-2　　2023 年人力资源服务机构发布招聘岗位结构变化　　单位：%

行业类型	第一季度	第二季度	第三季度	第四季度
制造业	23.5	19.4	18.8	18.9
建筑业	3.5	5.9	8.8	11.8
批发和零售业	8.7	5.1	10.9	11.4
交通运输、仓储和邮政业	8.6	3.3	4.9	6.3
住宿和餐饮业	4.1	6.1	7.0	12.8
信息传输、软件和信息技术服务业	8.7	35.1	18.4	11.3
金融业	3.3	2.1	3.7	10.8
卫生和社会工作	6.4	1.3	1.4	3.7
公共管理、社会保障和社会组织	10.3	0.6	0.8	5.0
其他	22.9	21.1	25.3	8.0

注：行业类型按照国民经济行业的门类划分，考虑到人力资源服务机构填报存在困难，其他行业未作分类，合并填报。

二　人力资源服务机构吸纳了较高质量就业

人力资源服务机构发挥了劳动力供需匹配功能，直接创造了高质量的就业岗位。2022 年全年业务数据估算表明，平均每家人力资源服务机构为 283 家用人单位提供了外包或劳务派遣服务，平均提供派遣员工 3436.1 人次，平均每个员工为 8.2 家用人单位提供服务，平均服务派遣员工近 100 人次（见表 1-3）。监测对象主要来自国家级人力资源服务产业园，这里聚集了具有一定竞争优势的人力资源服务机构，直接创造了具有较高质量的就业岗位，在职员工中大学本科及以上学历占 57.8%（见图 1-6）。2023 年第一季度受委托发布的招聘岗位学历要求为大学本科及以上的占 49.6%，高中及以下学历要求的仅占 19.2%，服务求职人员中高中及以下学历的仅占 16.1%，人力资源服务对象以具有较高人力资本水平的劳动者为主（见图 1-7）。

表 1-3　　　　　　　2022 年人力资源服务机构全年累计服务频次

	服务外包或劳务派遣用人单位数（家）	服务派遣员工数（人次）	发布招聘需求用人单位数（家）	发布招聘岗位数（个）
平均每个员工服务频次	8.2	99.8	21.8	362.8
平均每家人力资源服务机构服务频次	283.0	3436.1	755.2	12575.4

注：人力资源服务机构的员工是指内部职工（不含派遣员工、外包员工、临时性员工等）。以 2022 年全年累计业务数据为依据计算，平均每家人力资源服务机构在职员工为 34.1 人。

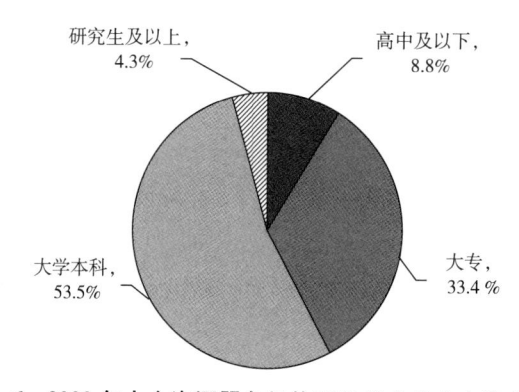

图 1-6　2022 年人力资源服务机构吸纳就业的人力资本结构

- 研究生及以上，4.3%
- 高中及以下，8.8%
- 大学本科，53.5%
- 大专，33.4%

注：1. 大专包含高职。下同。

2. 因数据作四舍五入处理，百分比相加可能不等于100%，下同。

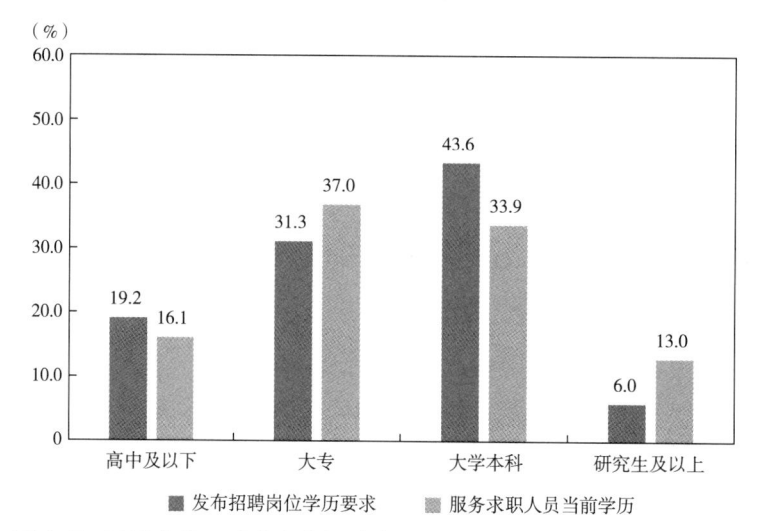

学历	发布招聘岗位学历要求	服务求职人员当前学历
高中及以下	19.2	16.1
大专	31.3	37.0
大学本科	43.6	33.9
研究生及以上	6.0	13.0

图 1-7　2023 年第一季度发布招聘岗位与服务求职人员的人力资本结构

注：发布招聘岗位学历要求是指受用人单位委托发布的招聘岗位最低学历要求，包括现场招聘和线上招聘。

三 招聘岗位工资水平保持稳步增长

2023年总体就业需求增长趋于放缓，招聘岗位工资仍然保持稳定增长。如图1-8所示，人力资源服务机构2023年第四季度发布招聘岗位的工资水平达到6284元/月，较上一季度增长11%，延续了第一季度以来的反弹趋势。高中及以下学历的岗位工资变化不大，本科及以上学历的岗位工资呈现波动趋势，研究生及以上学历的岗位工资在第二季度、第三季度毕业季前后出现下降，高校毕业生就业压力持续加大。

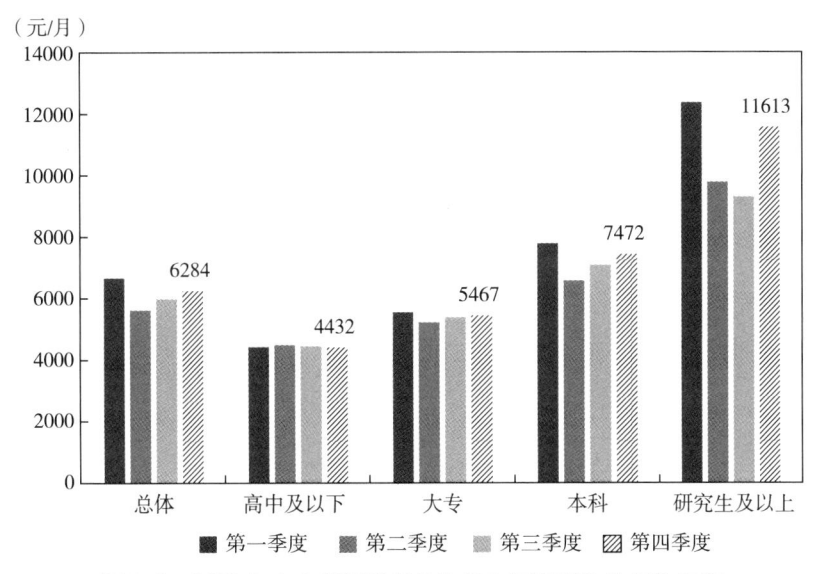

图1-8 2023年人力资源服务机构发布招聘岗位的平均工资

注：工资包含社会保险缴费与个人所得税。

四 人力资源匹配矛盾依然突出

求职人员更倾向于技术/研发岗、普通行政管理岗等白领岗位。在求职意向岗位类型分布中，技术/研发岗、普通行政管理岗占比分别达到24.5%和17.4%（见图1-9）。从劳动力供给角度看，就业结构倾向于从生产岗、销售岗向技术/研发岗、服务岗转换，这与实际的劳动力需求呈现反差，导致人力资源匹配矛盾。

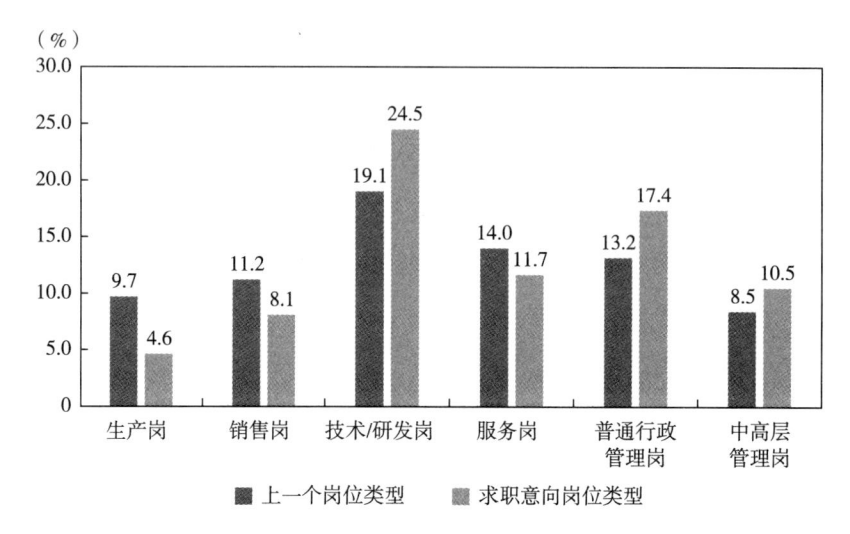

图1-9 2023年求职人员工作岗位与求职意向岗位的分布特征

五 人力资源服务业务出现收缩态势

人力资源服务业行业竞争激烈，业务范围根据市场需求变化快速调整。2023年第三季度、第四季度监测显示，人力资源服务机构各项业务普遍出现收缩态势，劳务派遣、外包服务与招聘服务仍然是人力资源服务市场的主要业务（见图1-10），

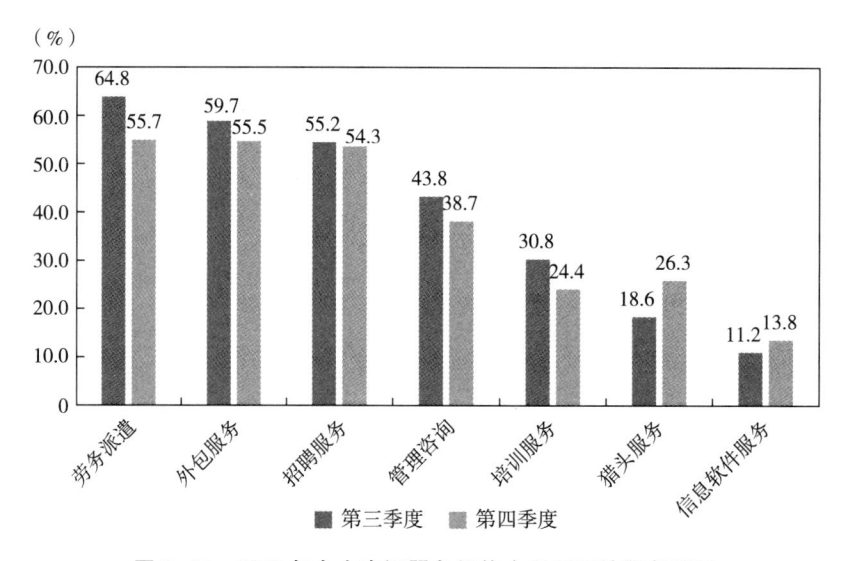

图1-10 2023年人力资源服务机构主要开展的服务项目

注：一个机构可以同时开展多项人力资源服务业务。

但第四季度开展相关业务的人力资源服务机构占比较第三季度出现下降，主要受制于市场需求收缩。在传统业务需求不足的情况下，猎头服务、信息软件服务等业务出现补充性扩张。

六 人力资源市场需求明显收缩

人力资源市场供求关系不利于求职方，就业需求不足矛盾突出。2023年第四季度监测显示，人力资源服务机构认为供过于求、求职困难的比重为53.9%，较上一季度提高11.4个百分点；认为供求平衡、就业稳定的比重较上一季度下降了8.5个百分点（见图1-11），岗位不足、就业困难成为主要矛盾。

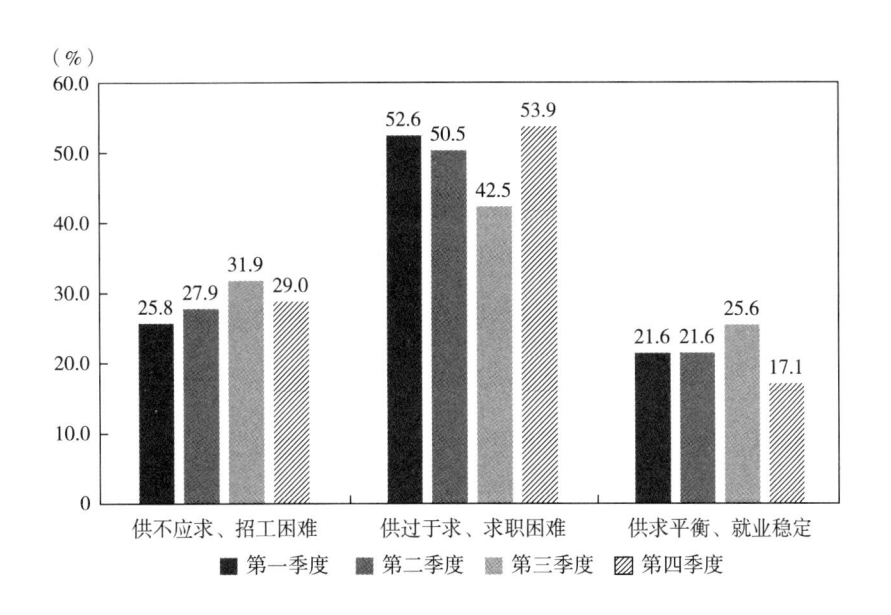

图1-11 2023年人力资源服务机构对市场供求关系的判断

总体就业形势预期偏弱，人力资源服务机构认为2024年就业形势趋紧的比重为58.3%，较上一季度提高7.7个百分点（见图1-12）。人力资源服务机构对2024年中国经济与就业形势景气度的主观测评得分为5.60分（满分为10.00分），高于用人单位监测的主观测评得分（4.99分），总体上偏于保守。2024年有效需求问题突出，就业形势预期与实际情况基本吻合。

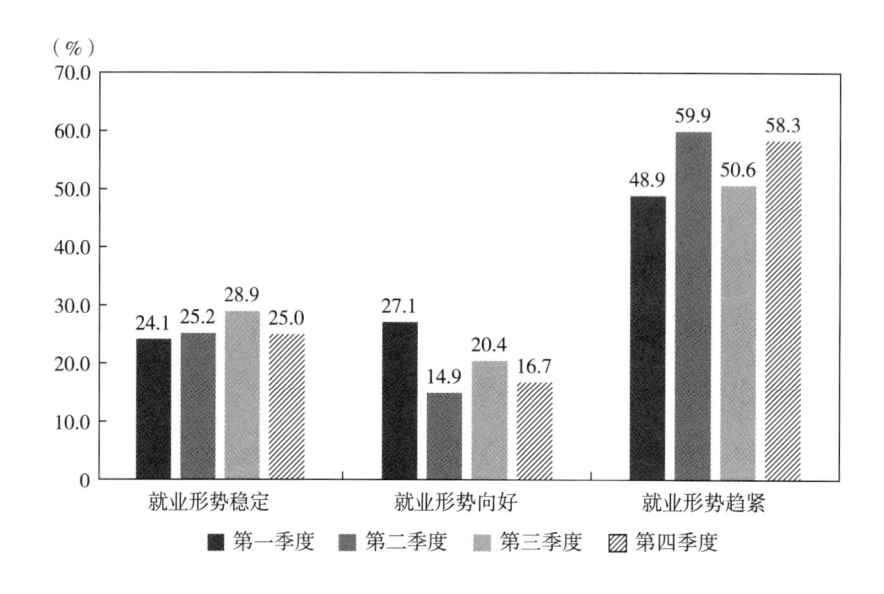

图 1-12 2023年人力资源服务机构对未来就业形势判断

第四节 求职人员就业需求状况

一 高校毕业生就业压力未见明显释放

高校毕业生就业压力仍然较大，当前求职人员已有工作意向的比重仅占三成。2023年第四季度处于求职状态的高校毕业生中，已经有工作意向（至少有一个入职通知）的比重为29.8%，保持2023年第二季度以来的水平，高校毕业季过后并未出现就业形势的明显改善。2023年第四季度中专生和低学历农民工的就业形势有所缓和，已经有工作意向的比重较上一季度提高了2—3个百分点（见图1-13）。

二 就业搜寻的结构性矛盾更加突出

求职人员求职意向岗位以普通行政管理岗、技术/研发岗为主。如图1-14所示，2023年在求职人员的上一个岗位类型中，普通行政管理岗、技术/研发岗占比分别为13.9%和16.9%，在

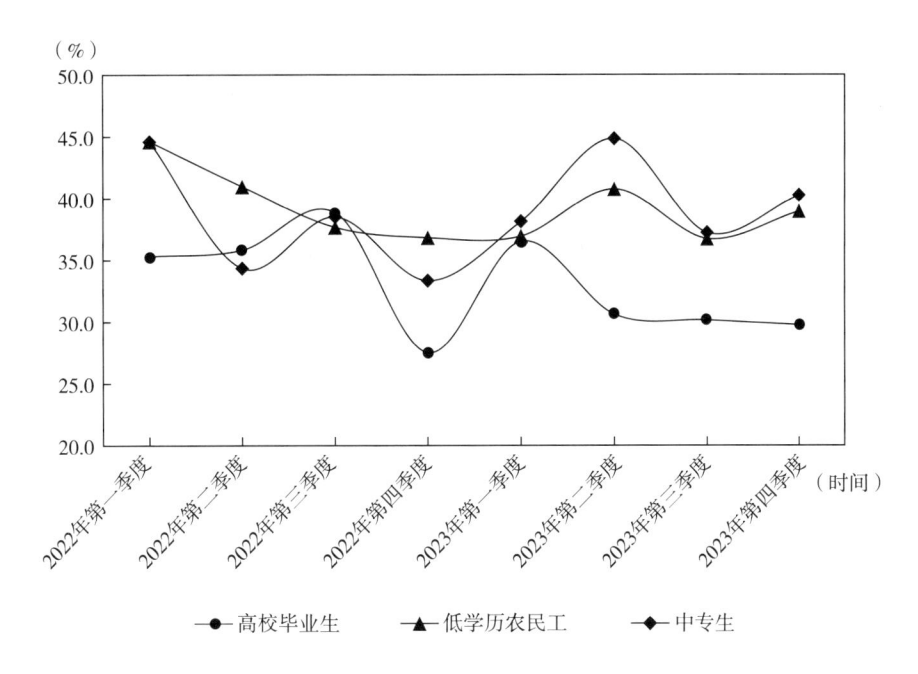

图 1-13　2022 年以来求职人员已经有工作意向的比重

注：高校毕业生是指 2021 年及之后毕业的大专及以上学历求职人员。低学历农民工是指高中及以下学历、农村户口求职人员。中专生是指中专、中职和职高学历求职人员。有工作意向是指当前求职人员至少有一个入职通知。下同。

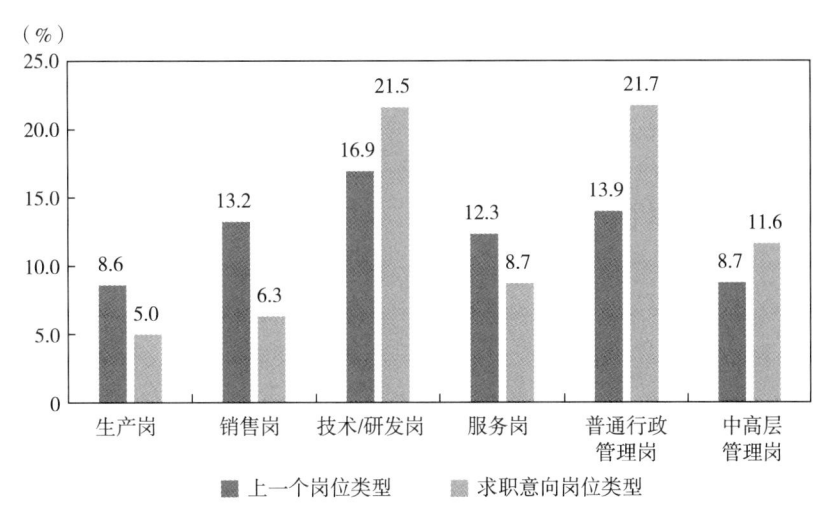

图 1-14　2023 年求职人员工作岗位与求职意向岗位的分布特征

求职意向岗位类型分布中，普通行政管理岗、技术/研发岗占比分别达到 21.7% 和 21.5%，上一份岗位与求职意向岗位的结构偏差存在持续加大的趋势。求职人员在工作转换过程中普遍表现出从生产岗、销售岗向技术/研发岗、服务岗转换的需求偏好，反映出当前就业结构性矛盾日益突出。

三　高校毕业生的工作搜寻周期延长

2023年第四季度尚未就业的高校毕业生竞争力相对偏弱，工作搜寻周期较长（见图1-15）。高校毕业生工作搜寻周期明显长于低学历农民工和中专生，搜寻工作3个月及以上的比重达到34.0%，比低学历农民工高3个百分点，比第三季度和第二季度分别高9个百分点和5个百分点，反映出当前尚未就业的高校毕业生的求职难度进一步加大，需要更有针对性、更有力度的就业支持举措。

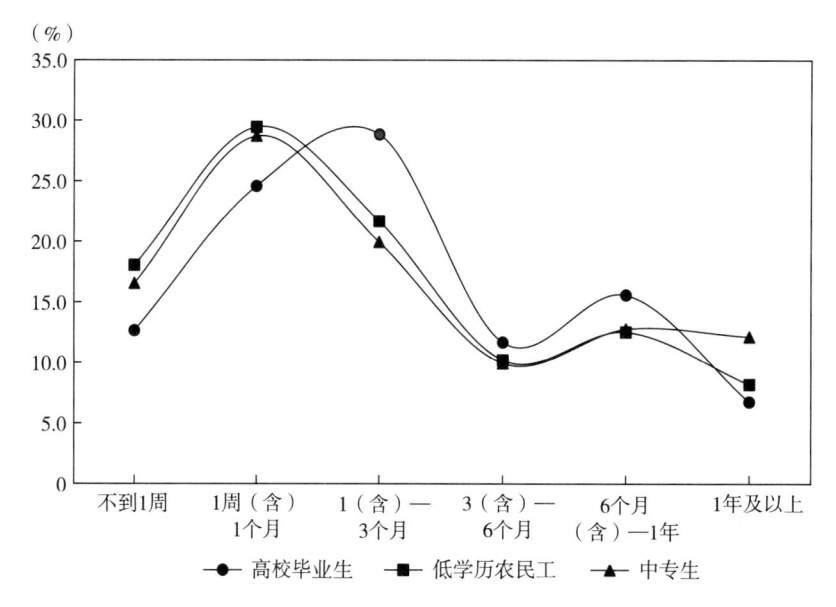

图1-15　2023年第四季度求职人员工作搜寻周期的分布

四　高校毕业生"慢就业"趋向强烈

2023年第四季度监测启动于国家公务员与研究生招考之后，"慢就业"趋向并未出现明显下降。"慢就业"成为高校毕业生就业选择的普遍方式，第四季度调查显示，当前高校毕业生中表示正在"考公""考编"或考研究生的比重有所下降，主要是由于相关考试基本结束。但表示肯定不考虑继续"考公""考编"或考研究生的比重基本保持稳定，并未出现相应下降幅度。处于犹豫中（可能会选择继续"考公""考编"或考研究生）的比重则明显提高，达到47.3%（见图1-16），反映出"慢就业"选择偏好较为强烈。这类自愿性的就业方式选择将继续成为青年失业率维持高位的影响因素。

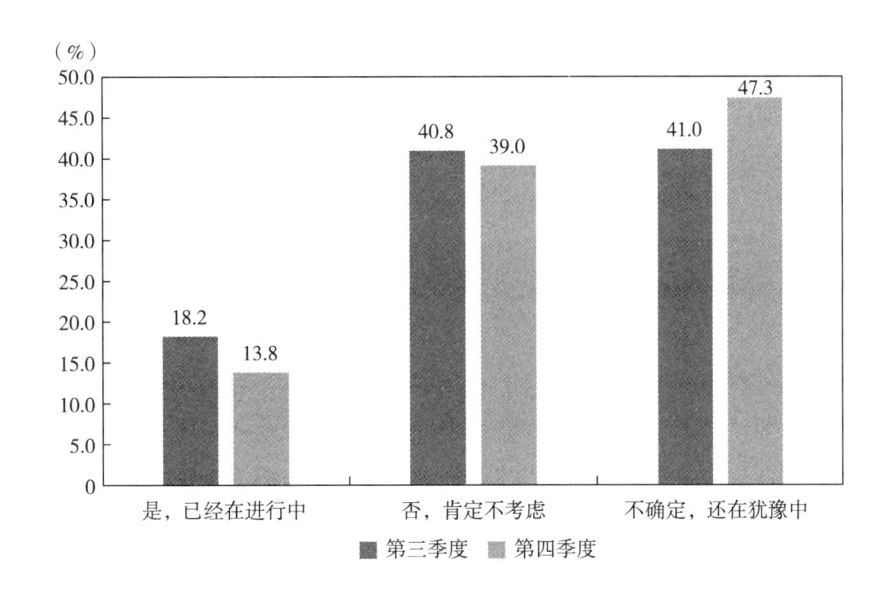

图1-16 2023年高校毕业生未来两年"慢就业"考虑

注："慢就业"是指未来1—2年有不工作（或兼职工作）继续"考公""考编"或考研究生的打算。

五 就业悲观情绪较重

高校毕业生等各类群体对当前就业形势普遍持消极态度。65%的高校毕业生感觉找工作很难、就业形势严峻，较上一年同期大幅提高20个百分点。农民工与中专生求职人员对就业形势预期同样偏紧，表示找工作很难、就业形势严峻的比重较去年同期大幅提高。求职人员对2024年经济与就业形势的主观感受更为悲观，认为将出现极度萎缩的比重达到21.3%（见图1-17），对2024年中国经济与就业形势景气度的主观测评仅为3.96分（满分为10.00分），低于用人单位的主观测评得分（4.99分），也低于人力资源服务机构的主观测评得分（5.60分）。2024年青年失业率仍然处于高位，高校毕业生就业压力更大，就业形势预期与实际情况基本吻合。

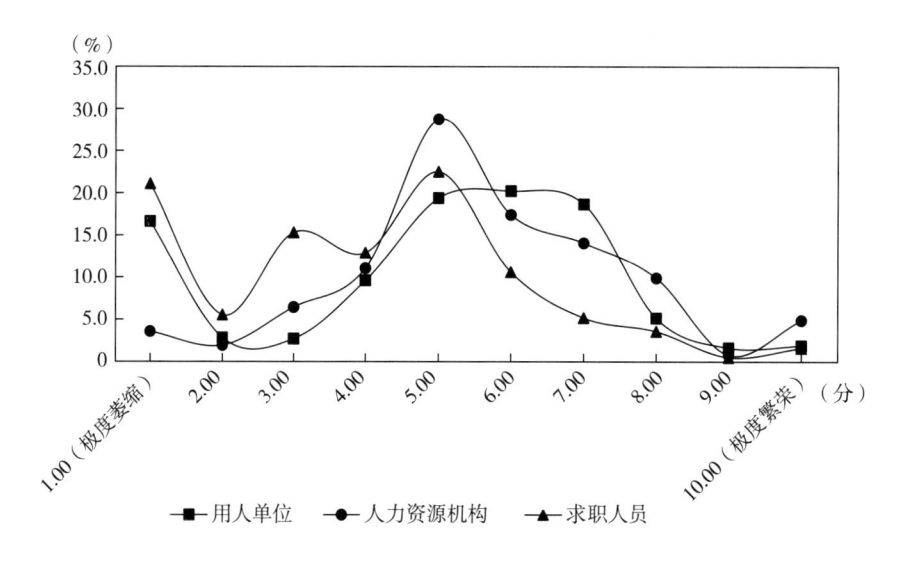

图1-17 不同市场主体对2024年经济与就业形势的预期

注：采取主观判断打分测量，1.00—10.00分，1.00分表示极度萎缩，10.00分表示极度繁荣。

第五节 对策建议

当前中国经济运行与就业需求增长明显放缓，用人单位出现悲观情绪，就业形势具有较大的不确定性。制造业用工需求趋于收缩，住宿和餐饮业、批发和零售业等劳动密集型服务业用工需求趋于扩张。人力资源市场供求关系不利于求职方，就业需求不足矛盾突出，就业结构性矛盾依然突出。高校毕业生就业压力未见明显释放，工作搜寻周期较长。

一是强化宏观经济政策，稳定市场主体预期。依靠扩大总需求的宏观政策，优先选择就业乘数效应大的政策工具，确保经济增长与新增岗位恢复到适度水平。针对总需求不足的突出矛盾与市场主体的悲观情绪，有必要考虑启动适当的刺激性政策，强化更加积极的就业政策，优先选择社保缴费减免、降低实际贷款成本等带动就业效果较好的政策工具。建立全国统一的惠企政策服务平台，简化政策优惠办理流程，实施普惠性、免申报的优惠政策，避免把社会责任转嫁给企业，切实降低企业各类经营负担。确保经济增长与新增岗位恢复到适度水平，扭转宏观数据与微观感受之间的偏差，尽快恢复市场主体信心，为"十四五"时期末经济与就业平稳增长营造良好环境。

二是发挥人力资源服务业带动作用，支持民营人力资源服务机构发展。强化人力资源服务业的就业乘数效应，支持国家级人力资源服务产业区建设，落实税费减免政策，营造宽松发展环境，鼓励社会资本进入人力资源服务业，推动人力资源服务业高质量发展。推动人力资源服务机构与政府部门、行业组织等合作交流，促进信息共享、资源整合和互利共赢。引导金融机构支持人力资源服务业发展，在依法合规、风险可控、商业可持续前提下创新资本运营模式。提高人力资源工作专业化水平，增强行业经营环境的稳定性和包容性，以引导为主，避免"一刀切"取缔和限制。发挥就业专项补助等资金的作用，建设一批专业性、行业性人力资源市场和优质服务机构。

三是持续提升高校毕业生就业服务水平。教育部门与人力资源部门应该加强政策衔接，及时提供有针对性的就业服务和技能培训，高度重视中长期失业风险，依托城镇的社区、技能培训中心、职业院校、普通高校等平台建立人力资源"蓄水池"。通过科研助理、社区工作者等灵活性岗位，为"慢就业"高校毕业生提供宽松环境。关注应届毕业生与往届毕业生的就业特征差异，健全高校毕业生离校后的就业状况跟踪监测和数据库建设，加强高校毕业生毕业后的就业形势研判和第三方评估。

四是强化人力资源市场监管。就业形势趋紧时期往往人力资源市场不规范活动增多，有必要坚持打击虚假招聘、就业歧视等活动常态化，构建人力资源服务与教育、培训、工商、法律、协会等部门协调机制，保护劳动力市场弱势群体的就业权益。特别地，为初次进入劳动力市场的求职人员尤其是高校毕业生，提供专门的就业搜寻培训。引导用人单位规范招聘行为，避免过度提高工作经验、学历、专业等门槛。

五是积极化解长期失业风险与结构性就业矛盾。将中专生、低技能青年农民工等劳动力市场细分群体纳入重点监测对象，关注特定群体的中长期失业风险，制定有针对性的就业培训政策，避免长期未就业导致的人力资本折损。

人力资源市场相关主体反馈最集中的意见和建议如表1-4所示。

表1-4　　　　人力资源市场相关主体反馈最集中的意见和建议

用人单位	人力资源服务机构	求职人员
降低社保与税收负担	建立行业标准服务体系	针对初次就业人员开展求职技巧等专门培训
加大当地人才引进与支持力度	规范市场秩序、整顿非法中介	督促用人单位降低对工作经验、学历等苛刻要求
开展高质量人才供需对接活动	加大行业支持政策力度并落实到位	解决招聘平台过多无效招聘信息，提高工作匹配效率
加大高技术行业、企业和人才的支持力度	搭建人力资源服务机构与企业合作平台	规范正式用工与劳务派遣的关系与认定标准
优化投资、招商、就业等营商环境	建立人力资源服务业人才培训体系	打击生育歧视、性别歧视、地域歧视等

第二章　人力资源市场供给发展特征与态势

根据教育部的统计，2022年中国高校毕业生规模约为1076万人，比2021年增加167万人，而2023年高校毕业生规模约为1158万人，比2022年进一步增加82万人，同比增长7.6%。在高校人力资源供给不断扩大的同时，就业市场用人需求还存在很大的不确定性，存在"就业难"与"招人难"并存的现象，不同专业、行业和地区间用人需求差异较大，人力资源供给和需求的匹配面临巨大挑战。

从调查数据来看，与2022年相比，2023年高校毕业生的就业形势依然严峻复杂，低学历农民工和中专生也面临类似的局面。就工作转换的岗位需求而言，高校毕业生普遍表现出从生产岗、销售岗和服务岗转向技术/研发岗、普通行政管理岗或中高层管理岗的需求偏好，低学历农民工和中专生略有不同，对服务岗的需求比重高于上一个岗位为服务岗的比重。在求职人员工作搜寻周期普遍延长、长期失业风险上升的同时，高校毕业生的期望工资水平在前期有所下降、后期有所回升，求职人员总体上仍处于不利地位。在此背景下，"慢就业"正成为高校毕业生普遍选择的过渡模式。按教育水平来看，本科生及以上学历高校毕业生是选择"慢就业"的主力，具有更高的"考公""考编"或考研究生的倾向。面临不利的就业处境，求职人员对未来就业形势的预期判断也趋于悲观。

虽然经济稳步发展，高校毕业生的就业预期依然偏紧，找工作困难问题没有明显缓解，低学历农民工和中专生也表现出十分类似的特点。高校毕业生是国家宝贵的人才资源，也是保就业、稳就业的重点群体。为全力促进高校毕业生高质量充分就业，促进人才培养与经济社会发展供需适配，需要加强就业市场需求和供给的分析研判，及时掌握就业市场趋势变化。与此同时，应加强高校毕业生等重点群体就业进展监测，充分发挥促就业政策的引领作用，落实助企、稳岗、促就业政策。要开发更多有利于发挥求职人员所学所长的就业岗位，提升高校毕业生就业工作保障水平，助力经济高质量发展。

第一节　高校毕业生就业形势依然严峻

与2022年相比，高校毕业生2023年的就业形势依然严峻。2022年第一季度至第四季度高校毕业生处于待业或离职状态的比重分别为74.5%、64.3%、66.4%、65.5%，而2023年第一季度至第四季度该比重分别为79.1%、79.4%、82.5%、67.3%，分别高于上一年对应各季度的数值，并且前三个季度数值持续攀升，直至第四季度才有所回落（见图2-1）。2023年处于求职状态的高校毕业生中，已经有工作意向（至少有一个入职通知）的比重从第一季度的36.5%逐步下降到第四季度的29.8%，下降了6.7个百分点。与此形成对比，处于求职状态的低学历农民工和中专生已经有工作意向的比重在波动中有所上升，其中，低学历农民工已经有工作意向的比重从第一季度的36.9%上升至第四季度的39.0%，中专生已经有工作意向的比重从第一季度的38.1%上升至第四季度的40.3%（见图2-2）。据此而言，高校毕业生在第四季度面临更大的就业挑战，这既有季节性因素的影响，也有来自经济与劳动力市场运行的压力，积极应对高校毕业生就业问题的重要性不断上升。

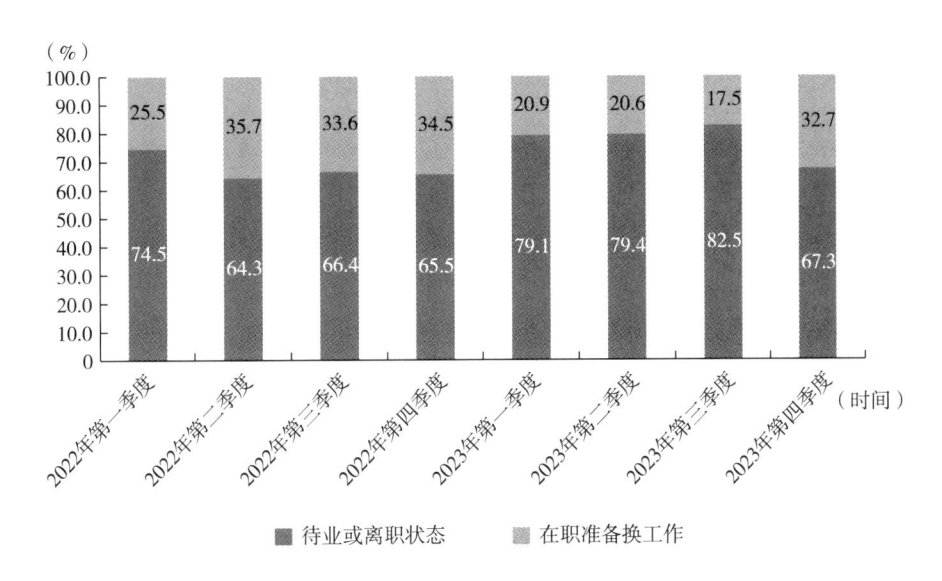

图 2-1 2022 年和 2023 年第一季度至第四季度高校毕业生的求职状态

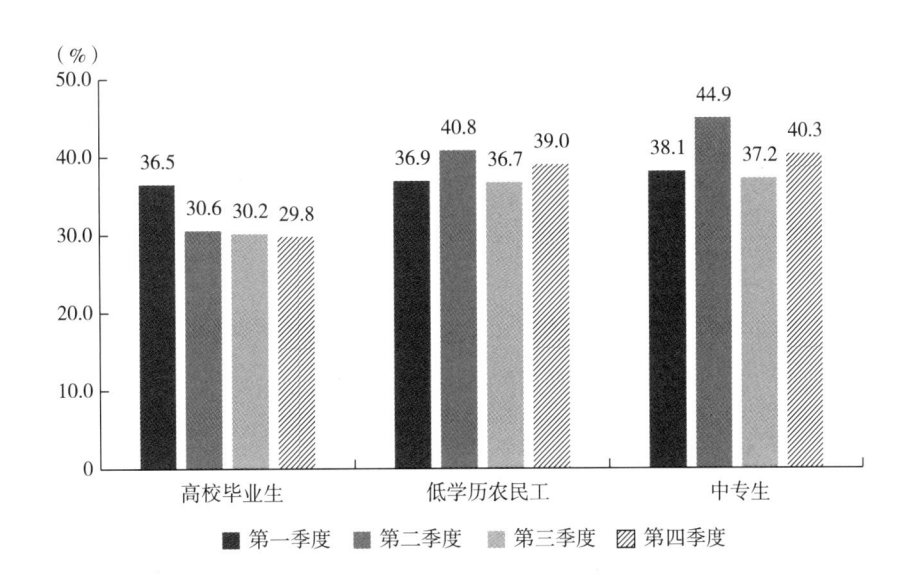

图 2-2 2023 年求职人员已经有工作意向的比重

高校毕业生、低学历农民工和中专生三类求职人员的人力资本水平存在明显差异。根据图 2-3 报告的 2023 年第四季度求职人员人力资本状况可知，高校毕业生在使用英语、办公软件等方面具有巨大的优势，通过英语资格考试的比重和熟练使用办公软件的比重均远高于其他两类求职人员，低学历农民工在操作专用设备方面具有明显优势，而中专生有更高比重参加过技能培训和拥有职业资格证书。这些方面的人力资本差异决定了这三类求职人员在劳动力市场中的就业结构特征以及处境，面对国内就业需求不足的现状，高校毕业生缺乏企业急需的就业技能，所学知识与企业需求之间可能在短期存在较大匹配难题，因此，在短期更可能遭受不利的影响。

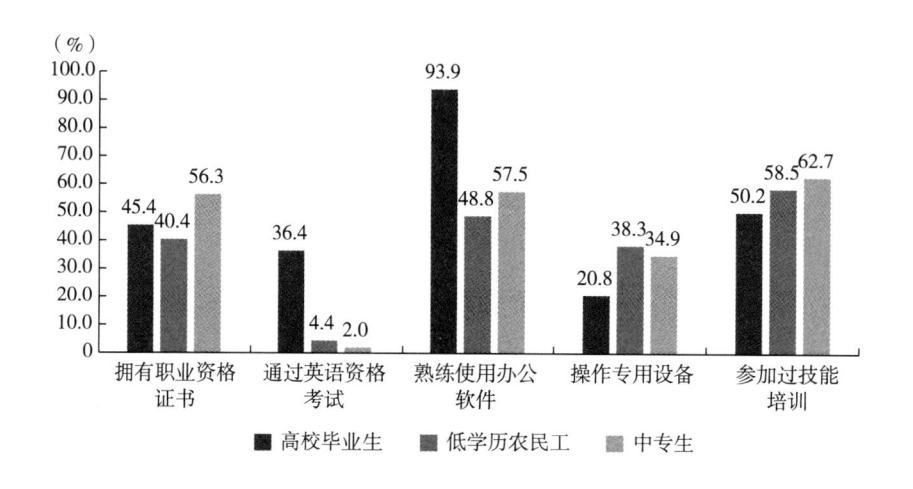

图 2-3 2023 年高校毕业生、低学历农民工和中专生求职人员的人力资本差异

从 2023 年第四季度求职人员上一份工作离职的主要原因来看，高校毕业生主动辞职占多数，自愿失业更换工作的意愿较强，低学历农民工、中专生选择主动辞职或因单位降薪或调岗而被迫离职的比重均在三分之一以上。图 2-4 报告的统计结果显示，高校毕业生中主动辞职的比重达到 54.6%，低学历农民工主动辞职的比重为 37.3%，中专生主动辞职的比重为 36.3%。相比之下，高校毕业生因单位降薪或调岗而被迫离职的比重仅为 22.6%，而低学历农民工、中专生的对应比重分别为 35.4%、

33.9%。此外，与2022年有所不同，单位直接解聘的高校毕业生比重高于其他类型求职者，是否涉及侵害高校毕业生求职者的权益，其具体情况可能需要进一步探究。

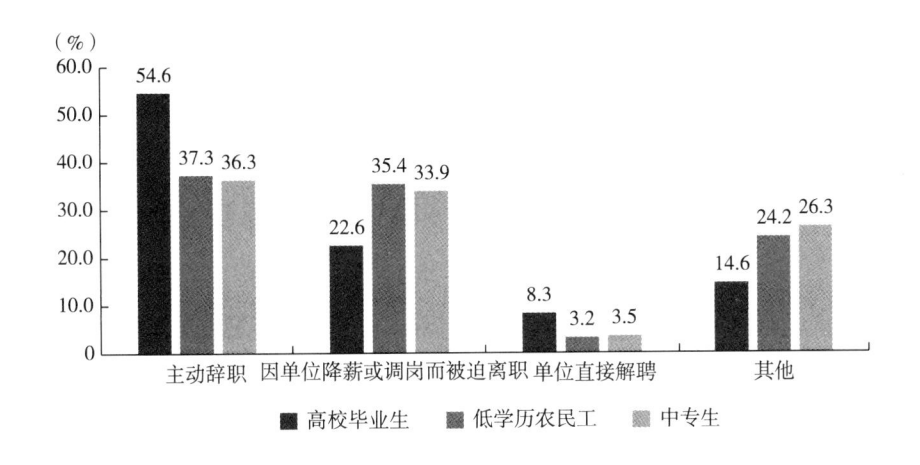

图2-4 2023年第四季度求职人员上一份工作离职的主要原因

第二节 高校毕业生普遍偏好技术岗、普通行政管理岗或中高层管理岗

从岗位类型来看，求职人员在工作转换过程中普遍表现出由生产岗、销售岗和服务岗向技术/研发岗、普通行政管理岗或中高层管理岗转换的需求偏好。如图2-5所示，对比上一个岗位类型的分布状况可知，求职人员继续选择生产岗、销售岗和服务岗的比重分别下降2.8、3.9和1.4个百分点，而技术/研发岗、普通行政管理岗以及中高层管理岗的需求比重分别提高3.8、4.6和2.4个百分点，需求偏好较强的岗位一般技术含量更高，或者工作环境更好。

但是，从表2-1三类求职人员岗位结构和需求的对比来看，高校毕业生求职的岗位需求特点与总体相似，而低学历农民工和中专生略有不同，对服务岗的需求比重高于上一个岗位是服

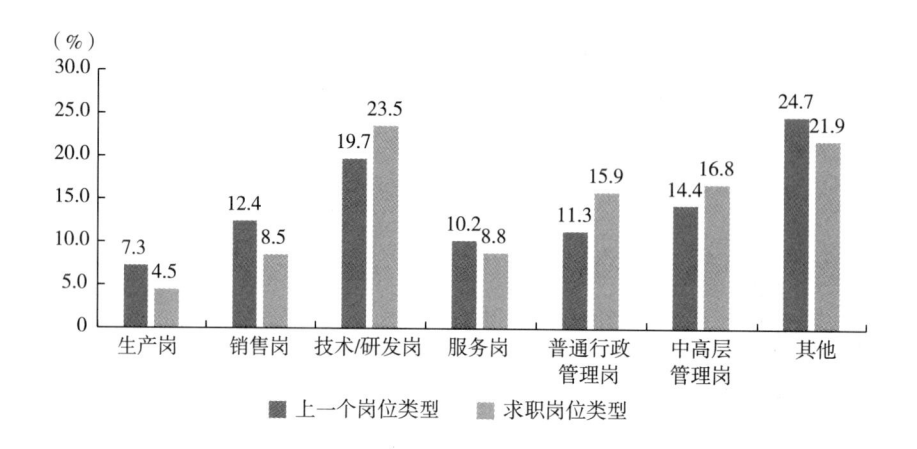

图 2-5　2023 年求职人员的岗位结构及其需求

务岗的比重。这可能与三类求职人员的人力资本差异有关，低学历农民工和中专生对生产岗和销售岗的需求比重远高于高校毕业生也明显与此相关，低学历农民工和中专生对生产岗的需求比重均在 13.0% 以上，而高校毕业生仅为 1.2%，低学历农民工和中专生对销售岗的需求比重均超过 9.0%，而高校毕业生的需求比重仅为 4.3%。此外，高校毕业生对技术/研发岗、普通行政管理岗的需求比重显著高于低学历农民工和中专生。

表 2-1　2023 年第四季度不同求职群体的岗位结构与需求　　单位:%

岗位类型	高校毕业生 上一个岗位类型	高校毕业生 求职岗位类型	低学历农民工 上一个岗位类型	低学历农民工 求职岗位类型	中专生 上一个岗位类型	中专生 求职岗位类型
生产岗	6.3	1.2	20.8	14.7	17.0	13.2
销售岗	12.6	4.3	15.6	9.3	14.4	9.8
技术/研发岗	24.5	31.5	10.2	13.4	9.7	12.0
服务岗	9.3	5.3	13.5	16.4	17.9	20.2
普通行政管理岗	13.1	23.4	3.6	6.2	6.8	7.9
中高层管理岗	5.7	9.0	10.1	10.2	9.8	10.9
其他	28.5	25.3	26.2	29.8	24.4	26.0

注：其他岗位类型未报告具体情况。

第三节　求职人员期望工资水平有所回升

2023年，高校毕业生、低学历农民工的期望工资在初期下降的基础上随后出现反弹，而中专生的期望工资在第一季度至第四季度呈逐渐上升态势。根据图2-6所示，高校毕业生第一季度期望工资水平为6105元/月，第二季度降至5972元/月，随后有所回升，第四季度增至6695元/月。低学历农民工的期望工资则由第一季度的6201元/月逐步降至第三季度的6077元/月，第四季度反弹至7753元/月。中专生的期望工资由第一季度的5820元/月逐步增至第四季度的6789元/月，增长约16.6%。此外，第一季度、第二季度和第四季度高校毕业生的期望工资均低于低学历农民工，第四季度高校毕业生期望工资也低于中专生，反映出高校毕业生的工作搜寻难度可能更大，降低了其就业预期和收入期望值。相比之下，人力资源市场对于低学历农民工和中专生群体的需求相对而言更加平稳。这表明高校毕业生明显是缓解就业问题的重点群体之一。

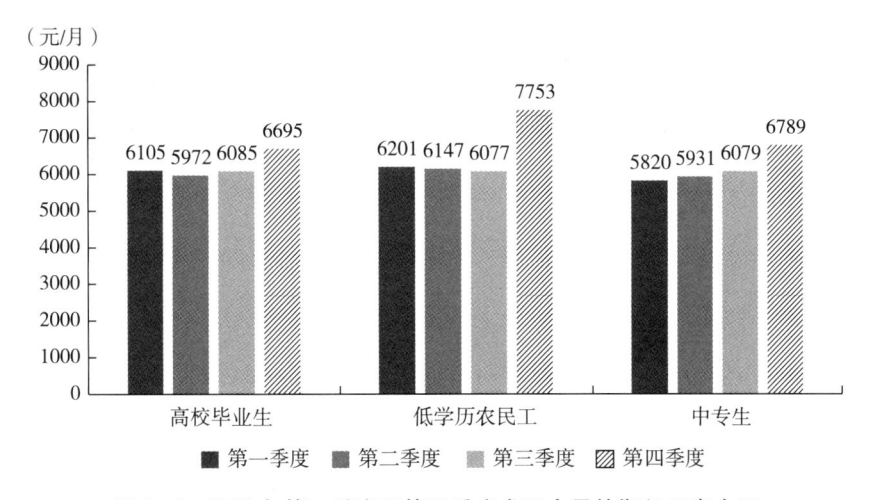

图2-6　2023年第一季度至第四季度求职人员的期望工资水平

注：期望工资水平是指期望争取的合理工资水平。工资是指扣除社会保险缴费和个人所得税之后的可支配收入。

此外，与2022年各季度数据进行对比可以发现，虽然2023年各类求职人员期望工资水平更低，但期望工资水平的趋势由不断降低转变为有所上升，特别是第四季度。例如，2022年高校毕业生第一季度至第四季度的期望工资水平分别为6320元/月、7674元/月、6970元/月、6742元/月，而2023年分别为6105元/月、5972元/月、6085元/月、6695元/月。2022年低学历农民工第一季度至第四季度期望工资水平分别为6788元/月、6944元/月、6267元/月、6782元/月，而2023年分别为6201元/月、6147元/月、6077元/月、7753元/月。

第四节　求职人员工作搜寻周期延长，长期失业风险加大

如图2-7所示，2023年高校毕业生的工作搜寻周期总体上有所延长，就业难度不断加大，低学历农民工和中专生的工作搜寻周期在第四季度有所减少。具体而言，第一季度至第四季度高校毕业生工作搜寻周期超过3个月的比重由22.5%增至34.0%；低学历农民工工作搜寻周期超过3个月的比重由第一季度的26.9%增至第三季度的36.3%，第四季度降至30.9%；中专生工作搜寻周期超过3个月的比重由第一季度的34.4%增至第三季度的36.6%，第四季度降至34.8%。因此，与年初相比，求职人员工作搜寻周期普遍有所延长，特别是高校毕业生，面临的长期失业风险明显增加。

高校毕业生初次进入劳动力市场，缺乏相应的工作经验，岗位匹配难度较大，短期内找到工作的可能性普遍低于低学历农民工和中专生。表2-2报告的2023年第四季度统计数据显示，高校毕业生工作搜寻周期低于1周、1周（含）—1个月的比重均低于低学历农民工和中专生。这提示我们，应对高校毕业生就业问题不仅要关注毕业季，还要注重进入劳动力市场前

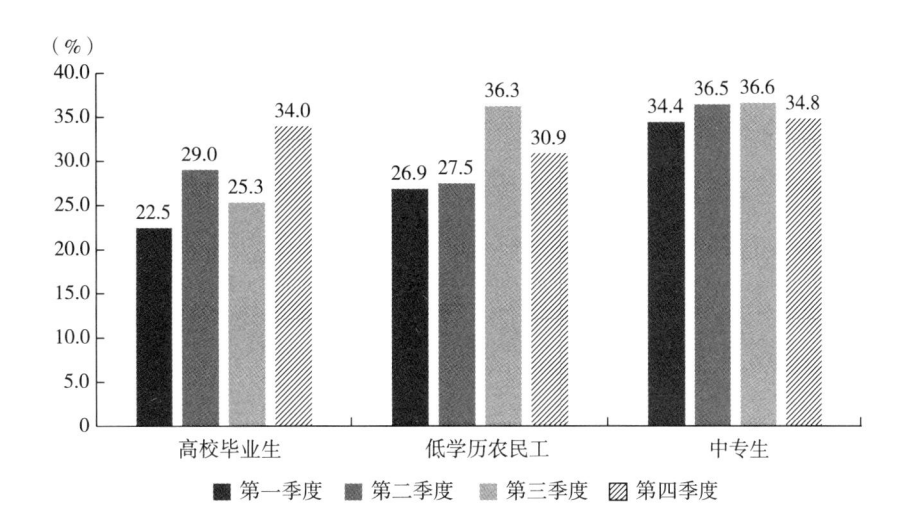

图 2-7 2023年第一季度至第四季度求职人员工作搜寻周期超过3个月的比重

后关键过渡时期的衔接，尤其是第四季度。同时，面临长期失业风险的群体不仅是高校毕业生，低学历农民工和中专生的工作搜寻周期也趋于延长，同样面临长期失业风险。工作搜寻周期为1年及以上的低学历农民工和中专生比重分别为8.2%、12.1%，明显高于高校毕业生的6.7%。

表 2-2　　2023年第四季度不同求职人员各工作搜寻周期的比重　　单位：%

	总体	高校毕业生	低学历农民工	中专生
不到1周	12.7	12.6	18.0	16.5
1周（含）—1个月	22.6	24.6	29.4	28.7
1个月（含）—3个月	26.2	28.8	21.7	19.9
3个月（含）—6个月	12.0	11.7	10.2	9.9
6个月（含）—1年	16.9	15.6	12.5	12.8
1年及以上	9.7	6.7	8.2	12.1

注：因数据作四舍五入处理，百分比相加可能不等于100%。下同。

第五节　平台兼职与自主创业等就业形式的重要性增加

从整体来看，高校毕业生从事平台兼职或具有自主创业计划（以下简称灵活就业）的比重显著上升，低学历农民工从事灵活就业的比重也有所上升，中专生从事灵活就业的比重有所下降。图2-8报告了2023年第一季度至第四季度各类求职人员从事平台兼职或具有自主创业计划的比重变化状况，其中，高校毕业生灵活就业的比重从第一季度的24.0%上升至第四季度的32.1%；低学历农民工灵活就业的比重由第一季度的43.6%降至第二季度的38.2%，随后逐步增至第四季度的46.1%；而中专生从事灵活就业的比重从第一季度的48.4%降至第四季度的40.1%。此外，从总体水平来看，低学历农民工和中专生从事灵活就业的比重明显高于高校毕业生。

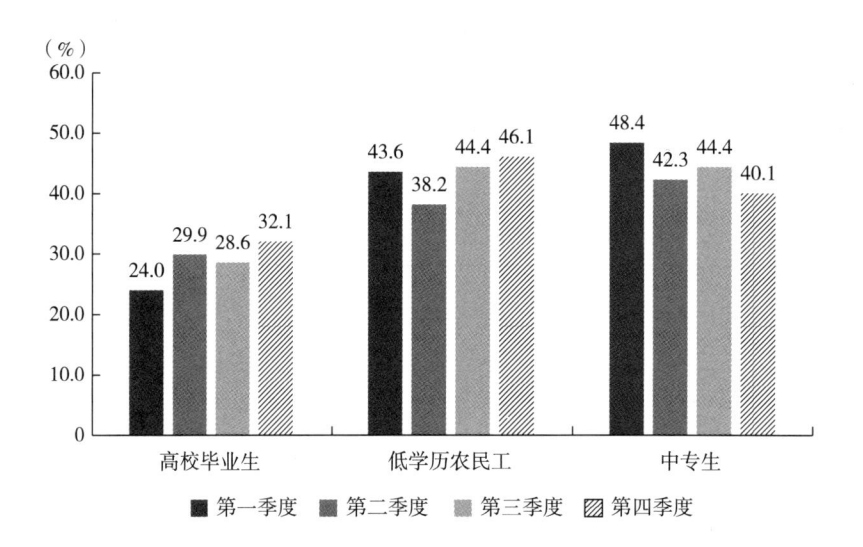

图2-8　2023年第一季度至第四季度各类求职人员从事平台兼职或具有自主创业计划的比重

注：平台兼职活动是指目前正在从事骑手、直播、网约车、网络写手等兼职活动。自主创业计划是指目前有创业意向或进行创业准备。

图 2-9 报告的 2023 年第四季度各类求职人员相关就业数据显示，高校毕业生从事平台兼职的比重为 10.7%，具有自主创业计划的比重为 21.4%，主要是大专生和本科生这两项比重较高，研究生及以上比重较低。大专生具有自主创业计划的比重接近 30.0%，本科生的比重约为 18.0%，而研究生及以上仅为 7.1%。相比之下，低学历农民工和中专生从事平台兼职或者具有自主创业计划的比重显著高于高校毕业生，超过 13.0% 的低学历农民工或中专生从事平台兼职，30.0% 左右的低学历农民工或中专生具有自主创业计划，其中，低学历农民工的比重最高。就整体而言，学历水平越低，从事平台兼职或具有自主创业计划的倾向越强。

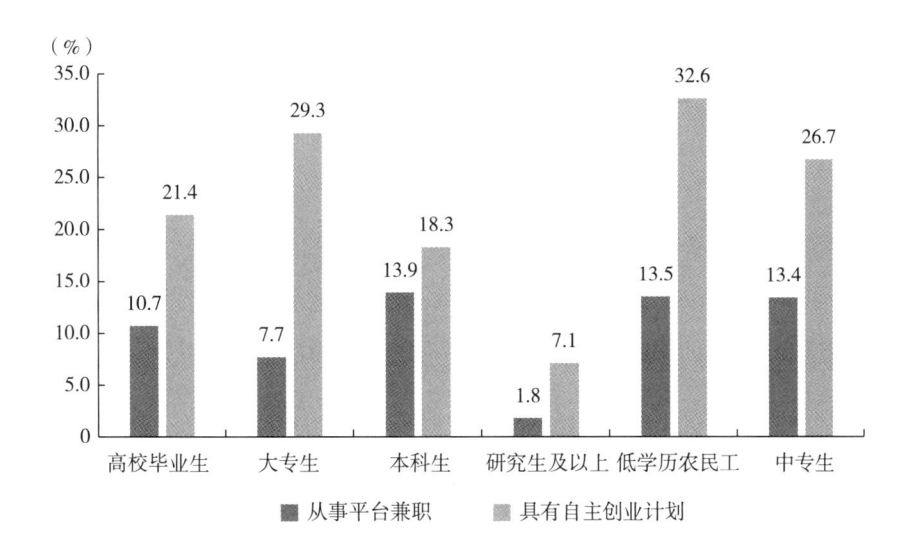

图 2-9　2023 年第四季度求职人员从事平台兼职或具有自主创业计划的比重

此外，与 2022 年相比，高校毕业生在 2023 年从事平台兼职或具有自主创业计划的比重变化不大，但低学历农民工自主创业的倾向明显提升。2022 年，高校毕业生从事平台兼职的比重为 11.8%，而 2023 年为 10.7%，2022 年高校毕业生具有自主创业计划的比重为21.5%，而2023年为21.4%。对于低学历农民工而言，2022年从事平台兼职的比重为14.7%，2023年为13.5%，2022年具有自主创业计划的比重为21.7%，而2023年增至32.6%，提高了10.9个百分点，因此，低学历农民工自主创业的倾向显著提高。

第六节 高校毕业生的就业预期依然偏低

2023年，高校毕业生的就业形势总体而言没有明显改善，低学历农民工和中专生的情形也较为类似。根据图2-10所示，高校毕业生认为当前就业形势向好和工作比较好找的比重从第一季度的9.3%降至第三季度的2.4%，第四季度略微回升至3.7%，而认为当前就业形势严峻和找工作很难的比重从第一季度的46.7%升至第三季度的67.1%，第四季度轻微降至65.0%，就业形势的严峻程度可见一斑。相比之下，低学历农民工认为当前就业形势向好和工作比较好找的比重远高于高校毕业生且

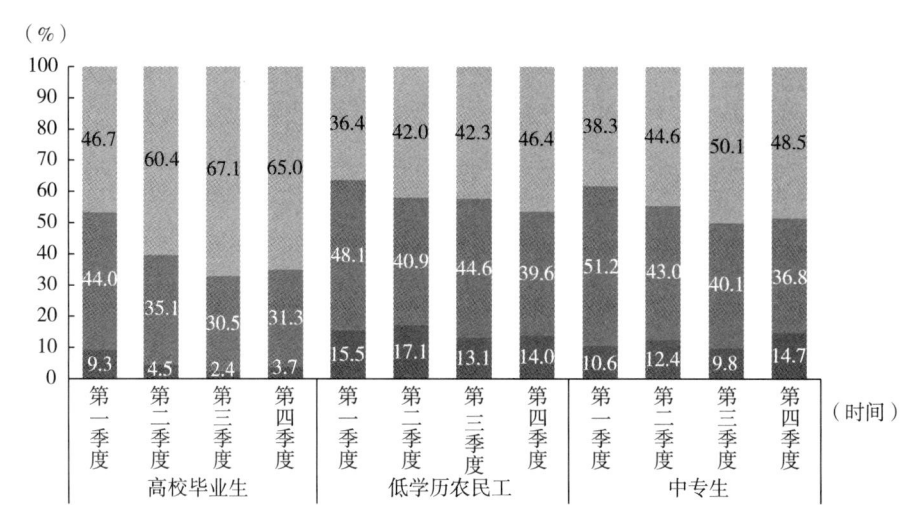

图2-10 各类求职人员对当前就业形势的感受

仅略有降低,从第一季度的15.5%降至第四季度的14.0%。中专生认为就业形势向好和工作比较好找的比重也高于高校毕业生,且第四季度相比第一季度有所提高,从10.6%增至14.7%。虽然如此,从总体来看,2023年高校毕业生、低学历农民工和中专生的就业形势日趋严峻,工作越发难找,三类人群在第四季度持这一看法的求职者比重比第一季度分别提高18.3、10.0和10.2个百分点,比认为就业形势向好和工作比较好找的比重变化更为明显。

不难想象,求职人员对未来就业形势的预期判断也趋于悲观。根据图2-11所示,2023年高校毕业生认为未来就业形势将明显改善的比重从第一季度的18.2%降至第三季度的6.1%,第四季度回升至9.2%。低学历农民工和中专生认为未来就业形势明显改善的比重在第二季度有所提高,但第三季度明显下降,随后在第四季度出现回升,但仍然低于第一季度。总体来看,高校毕业生、低学历农民工和中专生认为未来就业形势将明显改善的比重在第四季度分别比第一季度降低9.0、4.4和3.0个

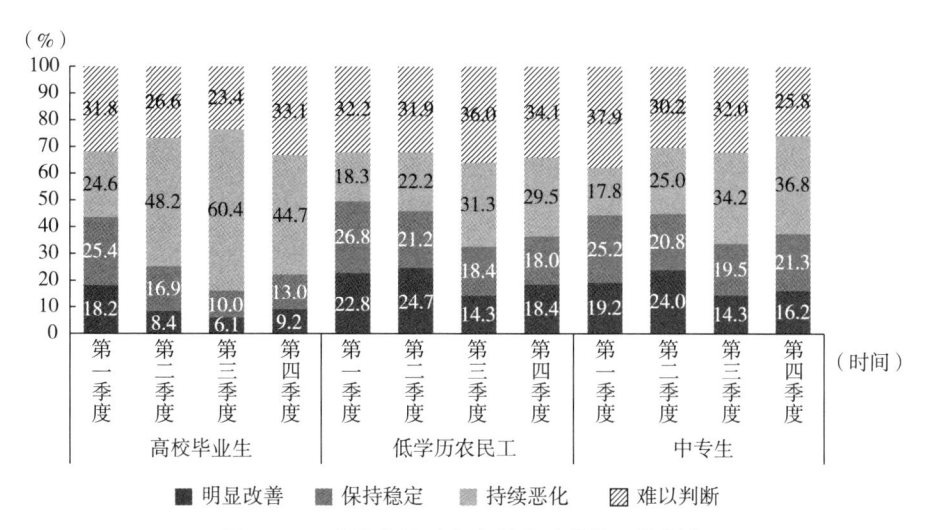

图2-11 求职人员对未来就业形势的预期判断

注:第一季度至第三季度为对2023年就业形势的预期判断,第四季度为对2024年就业形势的预期判断。

百分点，而认为未来就业形势将持续恶化的比重在第四季度分别比第一季度上升20.1、11.2和19.0个百分点，与图2-10的报告对当前就业形势的感受明显相关，求职人员的就业预期普遍不乐观。不过，低学历农民工和中专生在第四季度对就业形势的预期有所改善，且这两类求职人员认为就业明显改善或保持稳定的比重大大高于高校毕业生，因此悲观程度小于高校毕业生。

与用人单位、人力资源服务机构的预期判断相比，求职人员的悲观情绪明显偏高。图2-12表明，求职人员对2024年经济与就业形势的判断为"极度萎缩"的比重显著高于用人单位和人力资源服务机构，对2024年中国经济与就业形势景气度的主观测评均值仅为3.96分（满分为10.00分），显著低于用人单位的主观测评得分（4.99分），也显著低于人力资源服务机构的主观测评得分（5.60分）。总体而言，人力资源服务机构对2024年中国的经济与就业形势最为乐观，而人力资源服务机构和求职人员的预期偏低，且求职人员的预期最为悲观。

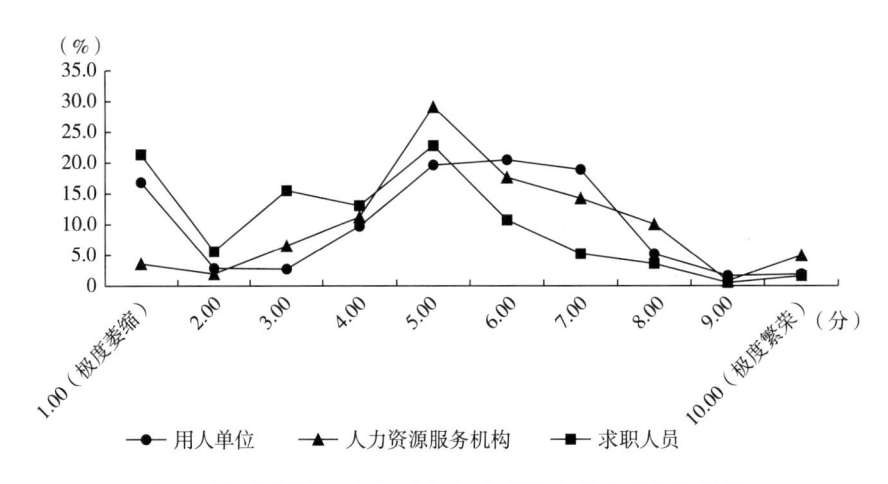

图 2-12　不同市场主体对 2024 年经济与就业形势的判断

注：采取主观判断打分测量，1.00—10.00分，1分表示极度萎缩，10.00分表示极度繁荣。

第七节 高校毕业生"慢就业"态势明显

面对日趋严峻的就业形势,"慢就业"正成为高校毕业生普遍选择的过渡模式。根据图2-13所示,第三季度高校毕业生选择不工作而继续"考公""考编"或考研究生的比重为18.2%,不确定是否继续"考公""考编"或考研究生的比重为41.0%。到第四季度,明确选择"慢就业"的求职高校毕业生比重有所下降,主要原因在于相关考试基本结束,但不确定是否"慢就业"的比重有所提高。从教育水平来看,本科生及以上是选择"慢就业"的主要人群,具有更高的"考公""考编"或考研究生的倾向。其中,本科生明确选择"慢就业"的比重在第三季度为21.7%,第四季度略有降低,比重为18.7%。研究生及以上明确选择"慢就业"的比重在第三季度为18.1%,第四季度降至12.6%。与此相比,绝大多数低学历农民工和中专生不考虑"慢就业",第四季度选择"慢就业"的比重分别为5.2%和2.6%。总体来看,"慢就业"是高校毕业生的典型偏好,这类自愿性的就业方式或过渡方式将继续成为青年失业率维持高位的影响因素。

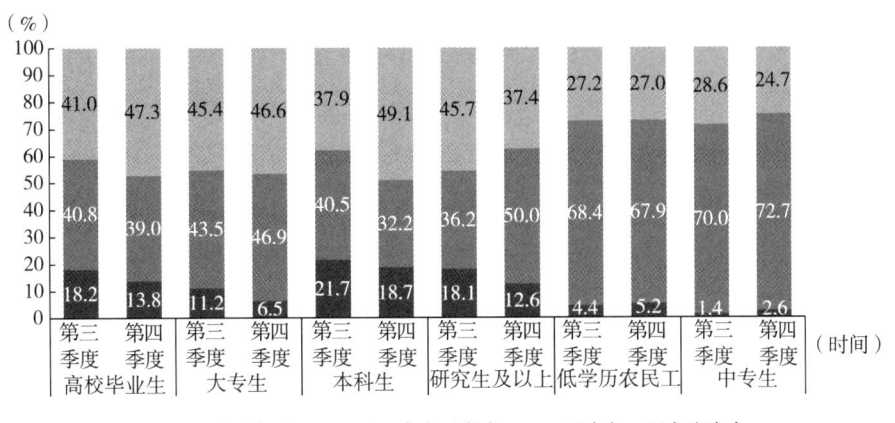

图2-13 各类求职人员未来两年的"慢就业"考虑

第八节　人力资源市场供给侧的总体判断

2023年，进入劳动力市场的高校毕业生依然面临严峻的就业形势。高校毕业生规模持续扩大，求职者期望工资水平在前期下降的基础上在下半年有所回升，但对当前就业形势和未来就业前景的看法普遍不乐观。从求职人员的人力资本状况来看，高校毕业生更加精通英语、办公软件等技能，但是缺乏工作经验和其他技能培训，且不熟悉专用设备。高校毕业生自愿性失业仍占主体，主动辞职更换工作的意愿较强。高校毕业生在工作转换过程中普遍表现出从生产岗、销售岗和服务岗向技术/研发岗、普通行政管理岗或中高层管理岗转换的需求偏好，低学历农民工、中专生略有不同，对服务岗的需求比重高于上一个岗位为服务岗的比重。

高校毕业生工作搜寻周期延长，就业难度加大，被迫选择灵活就业或"慢就业"等过渡模式。高校毕业生面临短期就业难与长期失业风险增加的双重挑战，工作搜寻周期整体有所延长，低学历农民工和中专生也存在同样的趋势，但在第四季度略有改善。面对这一困境，高校毕业生从事平台兼职或具有自主创业计划的比重显著上升，低学历农民工从事灵活就业或具有相关就业倾向的比重也有所上升，但中专生选择灵活就业的比重有所下降。与此同时，"慢就业"正成为高校毕业生重要的就业过渡方式，即毕业后不立即工作而选择继续"考公""考编"或考研究生，这在本科及以上的高学历毕业生中表现得尤为明显。

面对当前严峻的就业形势，求职人员对2024年经济与就业形势普遍预期较低，高校毕业生、低学历农民工和中专生预期的变化趋势相似，但高校毕业生明显更加悲观。此外，与用人单位、人力资源服务机构的预期判断相比，求职人员的悲观情绪也明显偏高。有鉴于此，有关部门应进一步做好以下几个方面的工作，缓解高校毕业生就业难的问题，提升就业质量。

第一，提升求职人员的就业搜寻能力，加强就业指导服务。各大高校应进一步强化高校毕业生就业指导工作，让高校毕业生树立合理的就业预期，着力提高高校毕业生的就业搜寻和求职技能，引导求职人员通过公共、权威、有影响力的大型招聘平台投递简历。高校应加强与人力资源服务机构和用人单位的合作，多方引入适用于各院系和各专业毕业生的用人单位，并保障高校毕业生在求职过程中的权益。与此同时，应根据就业市场供求状况，加强学科专业动态调整优化，主动布局新兴学科专业，扩大急需紧缺学科专业布点，对就业质量不高的专业实行适当调整。加强就业与招生、培养工作的联动，将高校毕业生的就业状况作为高校办学资源配置、教学质量评估、招生计划安排的重要依据。

第二，适当引导有条件或有需求的高校毕业生进行自主创业。建立针对有创业意向的高校毕业生信息平台，有针对性地提供创业指导和政策扶持。相关部门应具有相应的资金扶持政策、社会保障政策、招才引智政策，围绕信息技术、新材料、新能源、数字经济等战略性新兴产业，明确政策内容、服务事项、享受条件和申请流程等，并通过高校、人力资源服务机构、用人单位、媒体以及网络等各种机构、各种渠道向高校毕业生提供相关信息。持续优化大学生创新创业环境，推动各类创业示范园和高校结对共建。

第三，强化高校毕业生进入劳动力市场过渡期的支持举措。加强高校毕业生就业进展监测，认真落实高校毕业去向登记制度，分级开展就业监测数据自查，确保数据真实准确。教育部门与人力资源部门应进一步促进政策衔接，加强高校毕业生离校后的就业服务，及时提供有针对性的就业指导和技能培训，高度重视高校毕业生中长期失业风险，依托城镇的社区、技能培训中心、职业院校、普通高校等平台建立人力资源"蓄水池"。通过科研助理、社区工作者等灵活性岗位,为"慢就业"或灵活就业的高校毕业生提供宽松环境。

第四,加强人力资源市场服务与监管。就业形势趋紧时期往往人力资源市场的不规范活动增加,应持续开展人力资源市场秩序的清理整顿,严厉查处虚假招聘、电信诈骗、"培训贷"等违法违规行为,坚决纠正各类就业歧视和不合理限制。构建人力资源服务与教育、培训、工商、法律、协会等部门协调机制,保护劳动力市场弱势群体的就业权益。健全人力资源市场准入制度,完善网络招聘服务监管制度,健全部门间协同监管机制,加强网上预警监测,强化现场招聘安全管理,规范市场服务收费行为,为毕业生求职就业营造良好的市场环境,促进高质量就业,助力中国经济高质量发展。

第三章 人力资源需求特征与形势变化

本章分析了2023年全年用工需求的整体态势、不同类型企业在用工需求上的差异以及企业用工需求的结构性差异。

第一节 用工需求总体状况

为了综合衡量特定时期内某地区企业人力资源的增减动态，本章引入了岗位净增长率指标，反映了兼顾招聘和离职的净用工需求。2023年，全国岗位净增长率为1.3%，相较于上一年的0.8%有所上扬，但仍处于低位。这与当年经济呈现复苏迹象相契合。然而，在应届毕业生大批涌入劳动力市场的背景下，较低的岗位净增长率也说明整体就业形势依旧面临着不小的压力与挑战。分地区来看，东部地区与西部地区岗位净增长率呈现上升趋势，而中部地区与东北部地区则有所下滑。这反映出东部地区与西部地区经济复苏更加强劲，就业机会相对增加更多。

进一步从招聘与离职两个维度考察用工需求。其中，招聘端涵盖发布招聘率、实际招聘率及招聘完成率三项关键指标，分别体现了企业的招聘意愿、实际招聘活动及招聘效率。2023年，这三项指标均较2022年均有所上升，再次佐证了经济的复苏趋势及劳动力市场需求的回暖（见表3-1）。在地区差异方面，中部地区的实际招聘率增长尤为突出，但遗憾的是，其离职率也同步高企，导致岗位净增长率不增反降。这一定程度上说明中部地区在用工需求上面临的主要问题是"留不住人"。相比之下，西部地区与东北部地区在招聘完成率上表现不佳，这一定程度上说明西部地区和东北部地区在用工需求上面临的主要问题是"招不到人"。而东部地区则在招聘完成率上实现了显著提升，且离职率保持稳定，表明其用工需求的改善主要得益于"招聘难"问题的有效缓解。

表 3-1　　　2022 年和 2023 年用人单位招聘需求状况　　　单位：%

地区	发布招聘率	实际招聘率	招聘完成率	离职率	岗位净增长率
2022 年					
东部地区	9.7	4.4	45.2	4.2	0.2
中部地区	10.3	9.2	89.9	6.2	3.0
西部地区	3.8	2.6	69.4	2.4	0.2
东北部地区	6.0	5.3	88.3	2.1	3.3
全国	8.7	5.0	57.6	4.2	0.8
2023 年					
东部地区	6.3	5.4	85.8	4.4	1.0
中部地区	19.2	18.1	94.3	16.0	2.1
西部地区	6.6	4.5	68.6	2.9	1.6
东北部地区	10.1	6.0	59.5	3.0	3.0
全国	9.4	8.4	89.2	7.0	1.3

注：发布招聘率＝发布招聘岗位数/期末在岗职工数×100%；实际招聘率＝实际招聘岗位数/期末在岗职工数×100%；招聘完成率＝实际招聘岗位数/发布招聘岗位数×100%；离职率＝离职人数/期末在岗职工数×100%；岗位净增长率＝（实际招聘岗位数－离职岗位数）/期末在岗职工数×100%。

第二节　不同类型企业用工需求状况

一　出口企业的用工需求相较于上一年显著增强，而非出口企业则显现出下滑趋势

如表 3-2 所示，2023 年，出口企业的岗位净增长率为

2.4%，相较于 2022 年的 0.1% 有了大幅增长；而非出口企业的岗位净增长率则从 1.1% 下滑至 -0.4%，显示出用工需求的收缩。这一变化清晰地表明，在 2023 年，出口企业的用工需求呈现出蓬勃的增长态势，与非出口企业所面临的用工缩减形成了鲜明对比。

表 3-2　　2022 年和 2023 年（非）出口企业招聘需求状况　　单位：%

	发布招聘率	实际招聘率	招聘完成率	离职率	岗位净增长率
2022 年					
非出口企业	5.6	4.3	77.3	3.2	1.1
出口企业	13.1	5.4	41.1	5.3	0.1
2023 年					
非出口企业	5.8	4.8	81.8	5.1	-0.4
出口企业	11.5	10.6	91.4	8.2	2.4

进一步分析发现，非出口企业的实际招聘率虽略有提升，但其离职率出现了更大程度的攀升，这是非出口企业用工需求收缩的主要原因。相反，在出口企业方面，尽管也面临着离职率上升的挑战，但其实际招聘率的增长幅度更加显著，从而推动整体用工需求呈现出扩张的趋势。

从招聘完成率的角度来看，非出口企业与出口企业均有所进步，尤其是出口企业的招聘完成率实现了从约 40% 到约 90% 的飞跃式增长。这一显著提升表明出口企业的招聘效率大幅提高，很可能得益于其公司竞争力的增强，进而对劳动力产生了更强的吸引力。

二　高新技术企业的用工需求展现出增长态势，而非高新技术企业的用工需求则保持相对稳定

国家级高新技术企业的岗位净增长率在 2023 年达到了 2.3%，较 2022 年的 1.1% 有了显著提升。然而，非国家级高新技术企业在这两年的岗位净增长率均维持在 0.6% 的水平（见表 3-3）。这一数据对比清晰地反映出，2023 年国家级高新技术企业的用工需求呈现扩张趋势，而非国家级高新技术企业的用工需求则趋于稳定。

表 3-3　2022 年和 2023 年（非）国家级高新技术企业招聘需求状况　单位：%

	发布招聘率	实际招聘率	招聘完成率	离职率	岗位净增长率
2022 年					
非国家级高新技术企业	6.1	4.7	77.4	4.1	0.6
国家级高新技术企业	12.8	5.5	43.2	4.4	1.1
2023 年					
非国家级高新技术企业	9.8	9.1	93.2	8.5	0.6
国家级高新技术企业	9.0	7.6	84.0	5.3	2.3

深入分析发现，虽然非国家级高新技术企业的实际招聘率有了大幅提升，但遗憾的是，其离职率也同步大幅上升，导致其净用工需求并未发生显著变化。相比之下，国家级高新技术企业虽然在实际招聘率上的提升幅度不大，但其离职率的增长更为温和，因此，其净用工需求实现了较大幅度的提升。

此外，国家级高新技术企业在 2023 年的招聘完成率相较于 2022 年有了显著提升，这一变化进一步表明其"招工难"的问题得到了有效缓解，也从一个侧面反映出国家级高新技术企业对人才的吸引力正在不断增强。

三　使用工业机器人企业的用工需求呈现增长趋势，而未使用工业机器人企业则面临用工需求的下滑

使用工业机器人企业在 2023 年的岗位净增长率达到了 2.5%，相较于 2022 年的 1.5% 有了显著提升。然而，未使用工业机器人企业的岗位净增长率从 1.1% 降至 0.1%，显示出用工需求的缩减（见表 3-4）。这一鲜明对比反映出，在 2023 年，

使用工业机器人企业用工需求在扩展，而未使用工业机器人企业则在收缩。此现象一定程度上说明，工业机器人的引入并未导致企业用工需求的减少，反而可能由于工业机器人的使用提升了生产效率和市场竞争力，助力企业扩张，进而带动了用工需求的增长。

表3-4　2022年和2023年（未）使用工业机器人企业招聘需求状况　单位：%

	发布招聘率	实际招聘率	招聘完成率	离职率	岗位净增长率
2022年					
未使用工业机器人企业	5.9	4.6	77.7	3.5	1.1
使用工业机器人企业	9.6	8.2	86.0	6.8	1.5
2023年					
未使用工业机器人企业	7.0	5.9	83.7	5.8	0.1
使用工业机器人企业	11.7	10.9	92.5	8.3	2.5

四　第一产业、第二产业用工需求稳步增长，第三产业则呈现收缩态势

2023年，第一产业、第二产业的用工需求整体呈现出稳健的扩展趋势。具体而言，农、林、牧、渔业的岗位净增长率从2022年的1.7%提升至2.5%。同时，作为第二产业的核心代表，制造业的岗位净增长率也从1.6%提升至2.6%。这说明第一产业、第二产业用工市场的活跃与扩张。

然而，在第三产业中，用工需求整体呈现出收缩的态势。多数行业都面临用工需求的下滑，其中，公共管理、社会保障和社会组织的岗位净增长率更是从14.8%大幅下跌至2.2%，居民服务、维修和其他服务业也从2.3%滑落至-8.7%，显示出这些行业用工市场的严峻挑战。不过，也有部分第三产业行业逆流而上，如住宿和餐饮业的岗位净增长率从0.9%跃升至3.9%，信息传输、软件和信息技术服务业也从-1.3%逆转至1.4%（见表3-5）。

表 3-5　　　　　2022 年和 2023 年不同行业招聘需求状况　　　　单位：%

	发布招聘率	实际招聘率	招聘完成率	离职率	岗位净增长率
2022 年					
农、林、牧、渔业	9.0	6.7	74.1	5.0	1.7
采矿业	0.6	0.4	74.2	0.9	-0.5
制造业	9.7	8.2	84.0	6.6	1.6
电力、热力、燃气及水生产和供应业	5.9	3.4	57.2	2.4	1.0
建筑业	7.4	5.3	70.8	3.1	2.1
批发和零售业	2.2	1.6	75.3	1.4	0.2
交通运输、仓储和邮政业	3.3	2.8	82.8	3.5	-0.7
住宿和餐饮业	5.7	4.3	74.3	3.4	0.9
信息传输、软件和信息技术服务业	19.5	2.4	12.2	3.7	-1.3
金融业	6.7	3.7	54.9	2.6	1.1
房地产业	0.3	0.2	58.1	0.3	-0.1
租赁和商务服务业	14.1	11.6	82.3	6.2	5.3
科学研究和技术服务业	10.0	6.8	67.2	3.9	2.8
水利、环境和公共设施管理业	12.4	8.4	67.5	3.2	5.2
居民服务、维修和其他服务业	9.8	8.8	89.2	6.5	2.3
教育	7.8	5.5	70.4	3.3	2.2
卫生和社会工作	7.9	7.1	90.1	3.4	3.8
文化、体育和娱乐业	5.7	3.8	67.3	2.8	1.1
公共管理、社会保障和社会组织	42.4	29.8	70.3	15.0	14.8
2023 年					
农、林、牧、渔业	4.1	3.4	82.0	0.9	2.5
采矿业	4.3	2.6	60.6	0.6	2.0
制造业	12.4	11.6	93.7	9.0	2.6
电力、热力、燃气及水生产和供应业	6.8	6.0	88.4	3.5	2.5
建筑业	3.6	2.1	59.0	1.5	0.6
批发和零售业	8.3	7.4	90.2	6.6	0.9
交通运输、仓储和邮政业	5.4	3.8	70.5	2.6	1.2
住宿和餐饮业	12.4	8.8	71.4	4.9	3.9
信息传输、软件和信息技术服务业	6.2	4.2	66.7	2.8	1.4
金融业	1.1	0.8	75.3	0.9	-0.1
房地产业	4.9	3.4	69.1	2.4	1.0

续表

	发布招聘率	实际招聘率	招聘完成率	离职率	岗位净增长率
租赁和商务服务业	7.6	5.3	69.5	3.6	1.7
科学研究和技术服务业	9.5	6.7	70.1	4.4	2.2
水利、环境和公共设施管理业	9.6	5.3	55.1	3.8	1.5
居民服务、维修和其他服务业	1.9	1.0	52.5	9.7	-8.7
教育	9.3	6.6	71.3	5.3	1.3
卫生和社会工作	12.1	8.1	67.4	4.7	3.4
文化、体育和娱乐业	6.0	3.6	60.0	3.6	0.0
公共管理、社会保障和社会组织	2.5	2.4	96.3	0.2	2.2

五 除国有企业用工需求收缩外，其他大部分企业用工需求扩张

在2023年，除国有及国有控股企业用工需求呈现收缩态势外，私营企业、外商投资企业等多数企业的用工需求实现了扩张。具体而言，如表3-6所示，国有及国有控股企业的岗位净增长率从2022年的0.3%下滑至2023年的-1.1%，显示出其用工市场的紧缩趋势。而机关事业单位的岗位净增长率则从1.7%上升至2.5%，展现出稳健的增长态势。私营企业的岗位净增长率由1.2%提升至2.7%，表明私营企业在用工市场上的活跃与扩张。港澳台投资企业虽然之前面临用工需求的收缩，但2023年情况大幅好转，岗位净增长率从-3.9%缩减至接近平衡的-0.1%。外商投资企业更是实现了从收缩到扩展的逆转，岗位净增长率从-0.2%跃升至1.1%。此外，民办非企业单位的岗位净增长率也从-0.4%转变为1.0%，显示出其用工市场的回暖。

从招聘完成率来看，除了港澳台投资企业保持在高位且变化不大，机关事业单位、国有及国有控股企业、私营企业、外商投资企业、民办非企业单位的招聘完成率均有大幅提升。这一数据表明，总体来看，各类型企业在招工方面变得相对容易，反映了劳动力市场的积极变化。

表 3-6　　2022 年和 2023 年不同所有制企业招聘需求状况　　单位：%

	发布招聘率	实际招聘率	招聘完成率	离职率	岗位净增长率
2022 年					
机关事业单位	10.5	5.7	54.4	4.0	1.7
国有及国有控股企业	3.0	2.3	78.5	2.1	0.3
私营企业	6.7	5.2	78.3	4.0	1.2
港澳台投资企业	15.5	14.0	90.5	17.9	-3.9
外商投资企业	22.1	4.6	20.7	4.8	-0.2
民办非企业单位	19.1	12.3	64.2	12.7	-0.4
其他	8.8	8.1	91.5	4.3	3.8
2023 年					
机关事业单位	4.0	2.9	73.1	0.4	2.5
国有及国有控股企业	4.7	4.1	88.4	5.3	-1.1
私营企业	12.3	11.1	90.4	8.4	2.7
港澳台投资企业	7.9	7.0	88.8	7.1	-0.1
外商投资企业	10.2	8.7	85.0	7.6	1.1
民办非企业单位	4.5	3.2	71.5	2.2	1.0
其他	9.9	8.9	90.7	6.9	2.1

六　小微企业的用工需求强度有所减弱，而大企业的用工需求则呈现出上升趋势

在用工需求方面，不同规模的企业展现出了显著的差异。具体而言，小微企业的用工需求强度有所减弱，而大企业的用工需求则呈现出上升趋势。如表 3-7 所示，营业收入在 100 万元以下的小微企业，其岗位净增长率从 3.2% 下滑至 2.1%，显示出用工市场的紧缩态势。相反，营业收入在 50000 万元及以上的大企业，其岗位净增长率则从 0.1% 攀升至 2.2%，彰显出强劲的用工需求与扩张势头。

此外，从招聘完成率的角度来看，除了营业收入在 3000 万—49999 万元的企业变化不大，其他规模企业的招聘完成率均出现了大幅提升。这一数据进一步印证了劳动力市场的积极变化。

表 3-7　　2022 年和 2023 年不同营业收入企业招聘需求状况　　单位：%

	发布招聘率	实际招聘率	招聘完成率	离职率	岗位净增长率
2022 年					
100 万元以下	9.7	7.8	81.1	4.7	3.2
100 万—2999 万元	10.4	7.8	74.4	5.7	2.0
3000 万—49999 万元	11.2	8.7	77.7	5.6	3.1
50000 万元及以上	9.1	4.1	45.6	4.1	0.1
2023 年					
100 万元以下	8.5	7.8	92.2	5.7	2.1
100 万—2999 万元	7.1	7.9	100.0	5.3	2.6
3000 万—49999 万元	6.2	4.7	76.0	6.2	−1.5
50000 万元及以上	11.0	9.9	90.5	7.7	2.2

第三节　用工需求结构差异

一　男性用工需求趋缓，女性则保持稳定

男性的用工需求强度有所减弱，岗位净增长率从 1.9% 下滑至 1.5%，显示出一定的市场紧缩态势。相比之下，女性的用工需求则保持相对稳定，2022 年和 2023 年的岗位净增长率均为 1.8%，未出现显著波动（见表 3-8）。

表 3-8　　2022 年和 2023 年不同性别招聘需求状况　　单位：%

	实际招聘率	离职率	岗位净增长率
2022 年			
男性	9.3	7.4	1.9
女性	7.5	5.7	1.8
2023 年			
男性	9.7	8.1	1.5
女性	9.6	7.8	1.8

二　除本科外，其他学历用工需求呈现扩张趋势

在学历维度上，用工需求展现出了多样化的特点。本科的岗位净增长率出现了显著下滑，由 0.8% 降至 −1.9%，这主要归因于离职率的大幅增长，而实际招聘率则保持相对稳定。这一变

化反映出本科毕业生在就业市场上的竞争压力可能会有所加大。

相比之下,其他学历的用工需求则呈现出了扩张的趋势。高中及以下学历的岗位净增长率从0.9%攀升至2.6%,这得益于实际招聘率的显著上升,且上升幅度超过了离职率的增长。大专学历的岗位净增长率也略有提升,从0.7%增长至0.9%,同样是由于实际招聘率的增长超过了离职率。研究生及以上学历的岗位净增长率则由0.9%提升至1.5%,显示出市场对于高学历人才的持续需求,且实际招聘率的增长也更为显著(见表3-9)。

表3-9　　　　2022年和2023年不同学历招聘需求状况　　　单位:%

	发布招聘率	实际招聘率	招聘完成率	离职率	岗位净增长率
2022年					
高中及以下	9.1	7.7	85.1	6.8	0.9
大专	6.4	4.4	68.8	3.7	0.7
本科	6.1	3.7	61.0	2.9	0.8
研究生及以上	3.0	1.8	60.2	0.9	0.9
2023年					
高中及以下	15.1	15.0	99.2	12.4	2.6
大专	7.3	6.0	81.5	5.1	0.9
本科	5.0	3.6	73.2	5.5	-1.9
研究生及以上	4.4	3.1	69.9	1.6	1.5

此外,各学历的招聘完成率均有所提升,表明企业在招聘过程中的效率和效果有所增强。然而值得注意的是,本科和研究生及以上学历的招聘完成率仍然处于较低水平,这反映出高学历人才的招聘难度相对较大。这可能是由于高学历人才对于职业发展的期望更高,或是企业在招聘过程中对于这类人才的筛选和匹配更为严格。

三　生产岗与管理岗需求扩张,而技术/研发岗与销售岗显著缩减

在岗位类型的维度上,用工需求呈现出了明显的分化趋势。

生产岗与管理岗的需求均实现了扩展。其中，生产岗的岗位净增长率从1.7%显著提升至3.2%，这得益于实际招聘率的上升和离职率的下降。管理岗也呈现出类似的增长态势，岗位净增长率由0.4%提升至0.8%，虽然离职率有所上升，但实际招聘率的增长更为强劲，从而带动了岗位净增长率的提升。

然而，技术/研发岗和销售岗则遭遇了用工需求的显著收缩。技术/研发岗的岗位净增长率由2.3%骤降至-1.0%，销售岗更是从2.2%大幅下滑至-3.0%。这两大岗位的共同特点是实际招聘率下降，而离职率有所上升，这种双重压力导致岗位净增长率的急剧下降（见表3-10）。

表3-10　　2022年和2023年不同类型岗位招聘需求状况　　单位：%

	发布招聘率	实际招聘率	招聘完成率	离职率	岗位净增长率
2022年					
生产岗	12.4	10.2	82.2	8.6	1.7
技术/研发岗	8.7	5.8	67.0	3.5	2.3
销售岗	8.3	6.5	77.9	4.3	2.2
管理岗	4.2	2.7	63.4	2.3	0.4
2023年					
生产岗	11.8	11.2	95.1	8.0	3.2
技术/研发岗	6.0	4.7	78.1	5.7	-1.0
销售岗	4.9	3.7	75.1	6.6	-3.0
管理岗	4.1	3.2	77.4	2.4	0.8

从招聘完成率的角度来看，除了销售岗出现小幅下降，其他岗位的招聘完成率均有所上升。然而值得注意的是，除了生产岗，其他岗位的招聘完成率均低于80%。这表明在当前的就业市场上，尽管部分岗位需求有所增长，但企业在招聘过程中仍面临不小的挑战，特别是在吸引和留住技术/研发岗、管理岗和销售岗等关键岗位的人才方面。

第四章　人力资源服务业发展与形势变化

本章分析了2023年人力资源服务业的发展状况与形势变化。内容涵盖不同所有制、经营规模及人口规模机构的市场占比动态，展现了各类机构在市场中的竞争态势与调整方向。同时，探讨了从业人员的学历结构特点，揭示了行业对高学历与低学历劳动力的差异化需求。此外，本章还考察了劳务派遣、外包与招聘服务等主流业务的市场占比以及各行业在外包或派遣员工方面的需求。通过对不同学历岗位需求和求职人员数量的统计分析，进一步揭示了市场的人才供需状况。

第一节　各类所有制人力资源服务机构占比相较于2022年总体保持稳定

从不同所有制人力资源服务机构占比的细微变动中可以窥见市场的动态平衡与调整。如图4-1所示，国有及国有控股企业的市场份额从2022年的6.15%稳步攀升至2023年的8.74%，这一变化不仅彰显了国有经济在人力资源服务领域的持续深耕与战略部署，也反映出政策引导下的市场新动向。与此同时，私营企业以其灵活的市场适应性和强大的创新能力，继续巩固在这一领域的主体地位，占比从80.43%进一步提升至82.99%，充分展现了私营企业对经济发展的重要贡献和支撑作用。机关事业单位的占比有所下降，从2.17%降至1.08%，这一变化或与政府机构正在积极推进精减高效改革以提升服务质量和效率有关。外商投资企业的市场份额也略有缩减，从2.97%下滑至2.24%，这可能反映了在全球经济环境复杂多变的背景下，外商投资企业面临的市场挑战与战略调整。

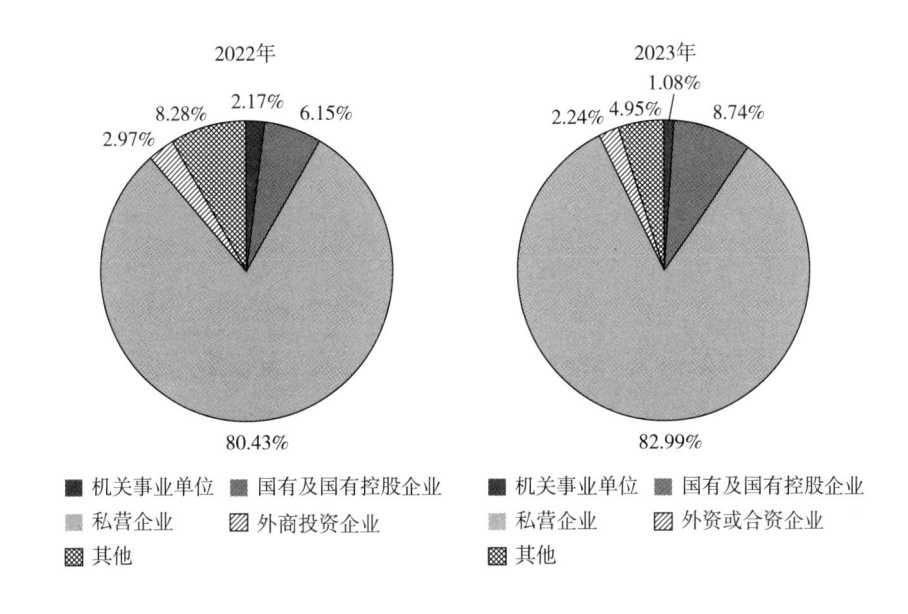

图4-1 2022年和2023年不同所有制人力资源服务机构占比

第二节 小型人力资源服务机构占比减少，大中型人力资源服务机构占比提升

2022—2023年，人力资源服务机构的经营规模结构发生了显著变动，小型人力资源服务机构的占比逐渐下降，而大中型人力资源服务机构的比重则明显上升。具体来看，如表4-1所示，营业收入在100万元以下的人力资源服务机构占比由2022年的36.55%大幅减少至2023年的16.77%。同时，100万—499万元营业收入的人力资源服务机构占比也从17.62%降至

15.14%，500万—999万元的人力资源服务机构占比则从9.15%下滑到6.52%。这些变化反映出小型人力资源服务机构在市场竞争中的调整与转型压力。

表4-1　　2022年和2023年不同营业收入人力资源服务机构占比　　单位：%

营业收入	2022年	2023年
100万元以下	36.55	16.77
100万—499万元	17.62	15.14
500万—999万元	9.15	6.52
1000万—2999万元	12.02	12.95
3000万—4999万元	5.14	6.83
5000万—9999万元	5.69	8.03
10000万—49999万元	7.29	13.51
50000万—99999万元	2.40	2.90
100000万元及以上	4.13	17.36

与此同时，大中型人力资源服务机构则呈现出强劲的增长态势。营业收入达到100000万元及以上的人力资源服务机构占比从2022年的4.13%显著提升至2023年的17.36%。此外，50000万—99999万元营业收入的人力资源服务机构占比也从2.40%上升至2.90%，10000万—49999万元的人力资源服务机构占比从7.29%增长到13.51%。这些增长数据表明，大中型人力资源服务机构正在通过资源优势和市场竞争力，逐步扩大其在行业中的份额。

此番规模结构的变迁，不仅是市场竞争与选择的自然结果，也深刻揭示了人力资源服务行业发展的内在逻辑和未来趋势。随着市场竞争的加剧和行业整合的推进，大中型人力资源服务机构因其更强的资源整合能力、更高的服务质量和更广泛的市场覆盖，将逐渐成为行业的主导力量，推动人力资源服务行业向更加集中、高效的方向发展。

第三节 中等人口规模人力资源服务机构占比扩大,其他人口规模占比缩小

2022—2023年,人力资源服务业机构的人口规模结构出现调整,中等规模(11—100人及101—500人)企业的占比显著扩大,而小规模(1—10人)及超大规模(500人以上)企业的份额则相应收缩。具体而言,如图4-2所示,11—100人规模的企业占比实现了从13.95%到46.85%的飞跃式增长,同时,101—500人规模的企业占比也从2.03%稳步提升至4.63%。相比之下,小规模(1—10人)企业的占比则显著下滑,由2022年的81.72%大幅降至2023年的47.11%,反映了小型人力资源服务企业在市场竞争中的严峻挑战。此外,超大规模(500人以上)企业的占比虽从2.30%降至1.41%。但值得注意的是,超大型营收规模企业的占比却显著上升,这在一定程度上表明,部分大规模企业正在通过精减人员、提升效率来增强竞争力。

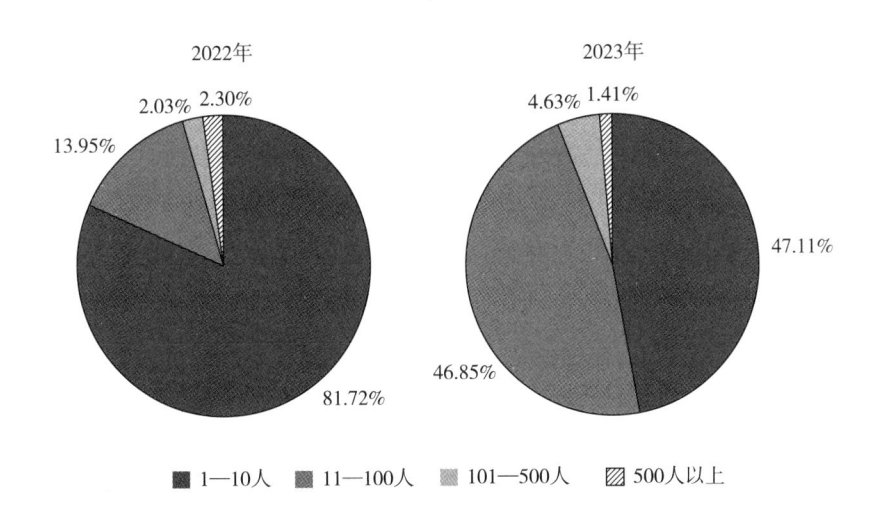

图4-2 2022年和2023年不同人口规模人力资源服务机构占比

第四节　人力资源服务业学历结构呈现两端上升趋势：高中及以下与研究生及以上学历占比增高

从人力资源服务业从业人员学历结构变化来看，高中及以下学历的从业人员比重有所增长，从2022年的18.00%提升至2023年的23.52%，显示出低学历劳动力在人力资源服务业中的需求依然旺盛。与此同时，研究生及以上学历的从业人员比重也实现了显著提升，由6.00%增长至8.09%，反映了行业对于高学历专业人才的重视程度不断提升。然而，大专学历的从业人员比重从35.00%降至32.89%，本科学历的从业人员比重也从41.00%下降至35.50%（见图4-3）。这一变化可能意味着随着行业发展的日益成熟和竞争的加剧，企业对于从业人员的专业素养和综合能力要求更加严格，促使学历结构向两端分化。

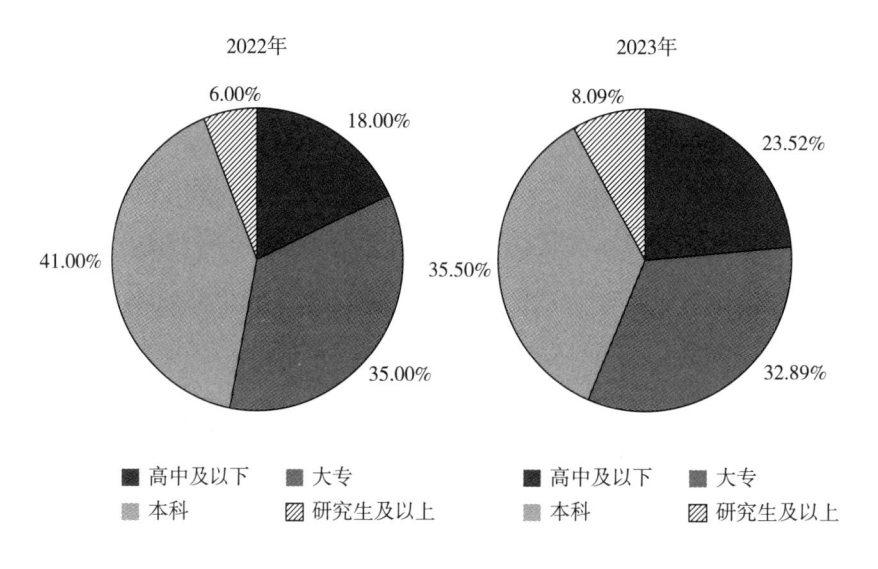

图 4-3　2022年和2023年人力资源服务业从业人员学历结构

第五节 劳务派遣、外包与招聘服务成人力资源服务业主流

在人力资源服务业的众多业务类型中,提供劳务派遣服务、人力资源服务外包服务以及线上线下招聘服务的公司占据市场的领先地位。具体而言,如图4-4所示,从事这三项服务的公司占比分别高达57.48%、56.44%和48.28%,彰显了它们在行业中的核心地位与广泛影响力。与此同时,提供人力资源培训服务和中高端人才猎头服务的公司也占据一定的市场份额,占比分别为27.64%和22.85%,表明这两类服务在市场上同样具有一定的竞争力和需求度。相比之下,人力资源信息软件服务的市场占比则相对较低,仅为12.10%。这一数据或许反映了当前市场中对于该类技术服务的认知度与接受度仍有待进一步提升,同时也为相关服务商提供了潜在的增长机会与发展空间。

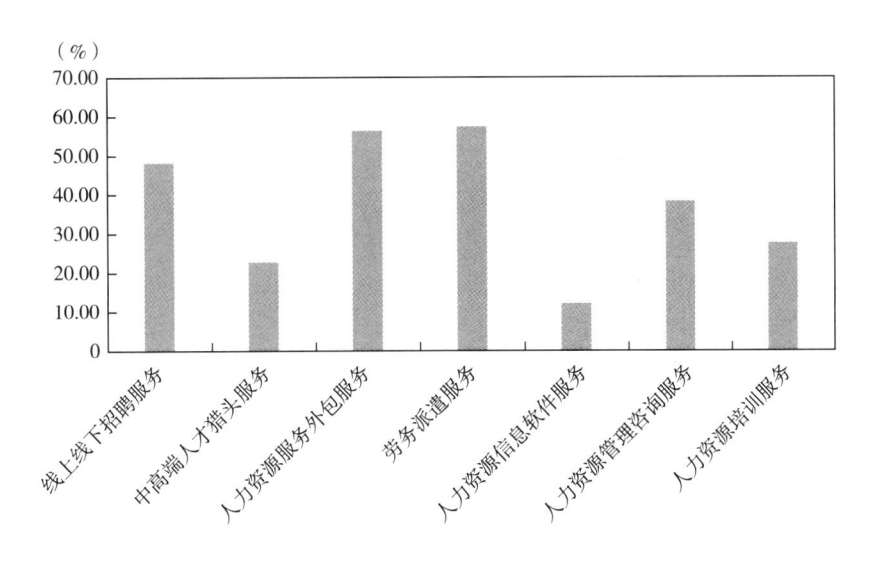

图4-4 2023年人力资源服务业业务类型占比

第六节 制造业与建筑业领跑外包与派遣员工人次榜单

在各行业外包或派遣员工的统计中，制造业与建筑业以显著的人次优势领跑，分别达到了8927.16人次和7856.30人次，占比高达24.87%和21.88%，稳居行业前列（见表4-2）。这一数据不仅表明这两大行业对于外包与派遣服务的强烈需求，也反映了它们在人力资源配置上的灵活性与高效性。

表4-2　　　　2023年不同行业外包或派遣员工人次及占比　　单位：人次，%

行业	人次	占比
制造业	8927.16	24.87
建筑业	7856.30	21.88
批发和零售业	4858.22	13.53
交通运输、仓储和邮政业	3975.11	11.07
住宿和餐饮业	3487.84	9.71
信息传输、软件和信息技术服务业	3107.19	8.65
金融业	1568.08	4.37
卫生和社会工作	181.08	0.50
公共管理、社会保障和社会组织	180.15	0.50
其他	1757.59	4.89

紧随其后的是批发和零售业，交通运输、仓储和邮政业，住宿和餐饮业以及信息传输、软件和信息技术服务业，其外包或派遣员工人次分别为4858.22人次、3975.11人次、3487.84人次和3107.19人次，占比分别为13.53%、11.07%和9.71%、8.65%。这些行业虽然人次略逊于制造业与建筑业，但同样展现出了对外包与派遣服务的积极态度与广泛应用。

相比之下，金融业的外包或派遣员工人次则相对较少，为1568.08人次，占比为4.37%。其他行业的人次则更为有限。

综上所述，制造业与建筑业在外包与派遣员工人次上占据明显优势，而其他行业也根据自身需求不同程度地采用了这一人力资源配置方式，共同构成了多元化、灵活化的市场格局。

第七节 大专学历岗位需求领跑市场，受托发布招聘岗位最多

在针对不同学历的受托发布招聘岗位统计中，大专学历的岗位需求以显著优势位居榜首，达到了 8524.92 人次，占整个市场的 40.47%，表明企业对大专学历人才的强烈需求（见表4-3）。

紧随其后的是本科和高中及以下学历，它们的需求量相当，分别为 6033.93 人次和 6004.53 人次，占比分别为 28.65% 和 28.51%。这一数据反映出，在当前的人力资源市场中，高中及以下和本科学历的人才需求依然旺盛，是企业招聘的重点对象。

相比之下，研究生及以上学历的岗位需求则显得相对有限，仅为 498.87 人次，占比为 2.37%。这可能与高学历人才的特殊性以及市场对其精准定位有关。

综上所述，大专学历的岗位需求在受托发布招聘岗位中占据主导地位，而高中及以下和本科学历也保持了较高的需求量。这一趋势不仅反映了企业对不同学历人才的需求差异，也为求职人员提供了明确的市场导向和职业规划参考。

表4-3　　　　2023年不同学历岗位需求人次及占比　　单位：人次，%

学历	人次	占比
高中及以下	6004.53	28.51
大专	8524.92	40.47
本科	6033.93	28.65
研究生及以上	498.87	2.37

第八节　高中及以下、本科与大专学历求职人员数量占比较高

在统计不同学历的求职人员数量时，高中及以下、本科以及大专学历的求职人员数量占比较高。具体而言，对于人力资源服务机构而言，高中及以下学历的求职人员平均达到了20169.06人次，占比为34.13%；本科和大专学历的求职人员则分别为18540.99人次和18000.58人次，占比分别为31.38%和30.46%。三者之间差距甚微，共同构成了求职市场的主力军。

相比之下，研究生及以上学历的求职人员数量则明显较少，仅为2378.65人次，占比为4.03%。这一数据反映出，在当前的求职市场中，虽然高学历人才具备独特的竞争优势，但是中低学历的求职人员仍然占据了市场的绝大多数（见表4-4）。

表4-4　　　　2023年不同学历求职人员数量及占比　　　单位：人次，%

学历	人次	占比
高中及以下	20169.06	34.13
大专	18000.58	30.46
本科	18540.99	31.38
研究生及以上	2378.65	4.03

综上所述，高中及以下、本科与大专学历的求职人员数量在市场中呈现出"三足鼎立"的局面，而研究生及以上学历的求职人员相对稀缺。这一趋势不仅为招聘方提供了丰富的选择空间，也为不同学历的求职人员指明了市场定位和求职方向。

Ⅱ 理论与政策篇

第五章　产教融合的本质内涵和理论机制研究

深化产教融合是推进教育综合改革的重要举措，对实施科教兴国战略和人才强国战略具有重要的支撑作用。党中央高度重视产教融合工作，党的二十届三中全会提出："加快构建职普融通、产教融合的职业教育体系。完善学生实习实践制度。"[①]然而，在产教融合实施过程中，各地还存在"校热企冷"、政策供给与实际需要脱节、人才培养质量达不到预期等问题，需要在把握产教融合本质内涵和理论机理的基础上，通过优化政策体系和强化支持力度来解决。因此，本章尝试在厘清产教融合理论内涵的基础上，探讨产教融合的理论机制，并提出未来深化产教融合的路径。

第一节　产教融合的理论内涵

一项事物的内涵是确定其存在目的和具备功能的基础。换句话说，只有了解了某物是什么，才能理解它能做什么，也才能进一步弄清楚其存在的根本目的。本章尝试在对现有关于产教融合定义研究进行梳理的基础上，基于人力资本专用性理论提出了对这一概念内涵新的认识。

[①]《中共中央关于进一步全面深化改革　推进中国式现代化的决定》，人民出版社2024年版，第14页。

一　现有研究梳理

近年来，随着产教融合政策的密集出台，该领域的文献迅速增加，但对产教融合概念内涵的分析还明显不足，还没有给出明确的、普遍接受的定义，导致理论研究和实践基础不牢。

从融合主体看，多数文献认为，产教融合的实施主体主要是职业教育机构（学校）和企业（用人单位）[1]；李阳认为，产教融合的参与主体不仅仅是学校和企业，更应是教育部门协调、多部门协同、行业企业参与的过程。从产教融合的内容来看，不仅仅是教学环节的融合，更应是人才链和产业链的全方位融合[2]，包括学校与企业制度的融合、技术价值与产业价值的融合、创业与就业的深度融合以及学校与企业文化的融合。[3] 关于产教融合的定义表述和功能定位，本章将现有文献中关于产教融合的定义的相关表述汇总在表5-1中。综合这些文献可以看到，产教融合还缺乏一个明确的定位，究竟是一个组织单元，还是一个制度安排，抑或其他现象，已有文献没有给出清晰的解释。而且对究竟什么是"融合"，文献大都没有给出明确含义，往往用"合作""组合""结合"等概念来解释"融合"，但这些概念与"融合"概念存在内涵上的交叉，用其解释产教融合有"循环定义"之嫌。

---

[1] 陈年友、周常青、吴祝平：《产教融合的内涵与实现途径》，《中国高校科技》2014年第8期。

[2] 王丹中：《基点·形态·本质：产教融合的内涵分析》，《职教论坛》2014年第35期。

[3] 陈志杰：《职业教育产教融合的内涵、本质与实践路径》，《教育与职业》2018年第5期。

表 5-1　　　　　　　　现有文献中关于产教融合的定义

文章名称	发表年份	作者	定义表述	定位
《产教融合的内涵与实现途径》	2014	陈年友、周常青、吴祝平	产教融合就是职业教育与产业深度合作，职业院校为提高人才培养质量而与行业企业开展的深度合作	学校和企业的合作
《基点·形态·本质：产教融合的内涵分析》	2014	王丹中	产教融合是指产业升级转型和高职教育内涵式发展进程中"产业"与"教育"水乳交融、互为因果的状态，二者共同承担培养高素质技术技能人才的责任。延伸到产业的整个价值链，涵盖全要素、全方位的集成整合和一体化合作，形成利益共同体和发展共同体	经济主体结成利益共同体
《产教融合的理论内涵与实践要点》	2017	孙善学	产教融合是指在教学目标、教学标准、教学课程与模式等方面的产教一体	教学任务的产教一体
《职业教育产教融合的内涵、本质与实践路径》	2018	陈志杰	院校制度与企业制度的深度融合，技术价值与产业价值的深度融合，创业与就业的深度融合，校园文化与企业（工业）文化的深度融合	学校和企业多领域融合
《产教融合的内涵、动因与推进策略》	2019	欧阳河、戴春桃	产教融合是产业与教育融为一体，其基本标志是产生新的产教融合体	学校和企业结成产教融合体
《我国职业教育产教融合推进机制的历史脉络、现实困境与改革路向》	2023	李阳、靳雪瑞	通过政策制定和组织推动，发挥政府统筹协调作用，联结教育、经济、劳动、就业等各个领域，形成教育部门协调、多部门协同、行业企业参与的发展合力，促进职业教育产教融合发展的多元主体联动机制	政府、企业和学校建立联动机制

资料来源：作者整理。

二　产教融合内涵的重新认识

产教融合的概念最早出现在国家政策文件中。本章根据《国务院办公厅关于深化产教融合的若干意见》总结了产教融合的基本功能：产教融合的目的是通过职业院校和企业以某种形式的合作，使学生具备特定知识和技能，并使这些知识和技能与企业需要更加匹配。技能是指劳动者在特定经济活动中的实际行动能力。技能的形成建立在知识学习的基础上，知识存在于劳动者心智中,通过不断实践和训练转化为技能,反过来丰富和加深劳动者对知识的理解。因此,知识是劳动者技能的内在形式,技能是知识的外在表现。当知识被应用于生产活动时,它可以提高物质资源的效用,从而创造出更大的价值。① 从这个意义上讲,知识和技能就是人力资本,而技能人才培育过程就是人力资本生产或积累的过程。

人力资本理论的重要奠基人贝克尔将人力资本划分为通用和专用两类。② 有些知识在许多不同的生产环境中都可以应用,例如阅读和写作、遵循指令、信息传递等能力,这种知识可以在大多数行业中通用,因而被称为通用性人力资本;有些知识只在少数生产环境中具有价值,例如特定公司的程序和惯例,或者与特定生产过程相关的知识等,则称其为专用性人力资本。理论上说,人力资本的专用性可以通过与替代工作收入的比较来反映。如果拥有某项技能的工人工资远远高于其在其他企业就业(即替代岗位)的工资,那么该项技能就是专用性技能。③专用性人力资本又可进一步划分为企业专用、职业专用、行业专用、任务专用等类型。④ 通用性人力资本不仅能够有效提高当前企业的生产力,也能提高其他企业的生产力,从而提高了工人的竞争力;专用性人力资本提高了工人在当前受雇企业的生产力,但在其他企业则不然,这在工人和企业之间形成了双边垄断的局面。

---

① [美]西奥多·舒尔茨:《对人进行投资——人口质量经济学》,吴珠华译,首都经济贸易大学出版社2002年版。
② [美]加里·贝克尔:《人力资本理论:关于教育的理论和实证分析》,郭虹等译,中信出版社2007年版。
③ Hashimoto M., "Firm-Specific Human Capital as a Shared Investment", *The American Economic Review*, 71 (3), 1981: 475-482.
④ 杨玉梅、宋洪峰、赵军:《企业专用性人力资本:源起、发展及展望》,《劳动经济研究》2019年第6期。

那么专用性人力资本是以什么样的形式存在的？人力资本的功能来自其结构，因此，研究人力资本专用性需要从人力资本的结构入手。从知识获得方式上看，贝克尔认为，通用性人力资本是通过学校教育或者花费整段时间单位来获取的，而专用知识则是在企业提供的专门培训或者在工作中学习获得的。实际上，培训很少情况下是完全针对某一特定企业的，而是有不同的专业性，而且这种专业性会随着地域与时间的改变而变化。因此，人力资本专用性是一个相对的概念。

如果把人力资本专用性程度看作一个连续的序列，在序列的一端是完全通用类型，另一端是完全（企业）专用类型。那么，无论是企业的培训还是学校的教育都是这一序列中分布的点，只是前者偏向于完全专用一端，而后者偏向于完全通用的一端。处于中间位置的是行业专用性人力资本。行业专用性人力资本在行业内具有比较高的流动性，在一定程度上对行业内的企业来说仍然是一种通用性人力资本，但在行业之间依然存在较强的流动壁垒。拥有行业专用性人力资本的劳动者，能够在该行业获得高于其他行业替代工资水平的回报，但从事跨行业工作就会失去优势。

按照知识的应用性质，可以将其划分为理论知识和实操知识（也被称为实践知识或应用知识）两大类，人力资本中既包括理论知识，也包括实操知识。理论知识指的是通过学习获得的概念性理解，包括原则、规律、模型、理论等，侧重于规律性的思考，通过提供一个框架来解释现象。实操知识是指通过实际操作、实验或直接经验而获得的知识，强调做事技巧、方法和技术的应用。实操知识与实际生产场景密不可分，对于解决具体问题非常关键，在工程、医学、艺术创作等行业里不可或缺。在一定程度上，实操知识不能通过编码传递，往往要通过师徒传授，即哈耶克所说的"默会知识"。理论知识是抽象知识，是可编码的，不需要结合生产场景就可获得。从二者关系来看，理论知识为实践提供了基础和指导方向，而实操知识验证和发展了理论。

根据以上分析，可将人力资本按照专用性和实操性的不同程度进行二维划分，划分结果如图5-1所示。其中，横轴表示按人力资本专用性程度划分的维度，纵轴表示按人力资本实操性程度划分的维度。专用性程度最强的是企业专用，中间为行业专用；实操性程度最强的是岗位实操技能，最弱的是理论知识。如果知识既具有通用性又具有理论性，那就是通用性理论知识，例如学校学习的数学、语文、英语等公共基础课；如果技能具有通用性但实操性更强，就可称之为通用性实操技能，如果既具有专用性又有一定的理论性，就称之为专用性理论知识，例如职业院校和大学学习的专业课；如果是专用性很强同时又要求实操，就是专用性实操技能。当然，如果专用性没有那么强，如在一个行业具有通用性，那么就可以称之为行业专用知识。理论性的行业专用技能积累并不适宜在企业培育，学校擅长讲授理论知识但不善于传授实操知识。

根据以上对人力资本专用性的划分，可以进一步对产教融合在人力资本生产中的功能进行定位，产教融合旨在提高学生的行业专用性+实操性能力（以下简称行业专用实操能力）。行业专用实操能力当然也是企业需要的，最实用落地的行业专用实操能力是在企业中才能积累到的，但既然专用性存在程度差别，如果行业专用实操能力在特定行业中是通用的，那么该行业中的企业就不愿意提供培训服务。因此，部分行业专用实操能力需要在学校实训基地中传授，但其形式不能是书本，而应该是在模拟生产场景中进行。

当前中国产教融合的教育方主要是职业院校，同时，培养好职业院校的学生是国家推进产教融合政策最主要的方向。因此，要定位产教融合生产人力资本的问题，就要对职业教育培养人才知识和技能特征进行进一步的探讨，特别是要区分其与

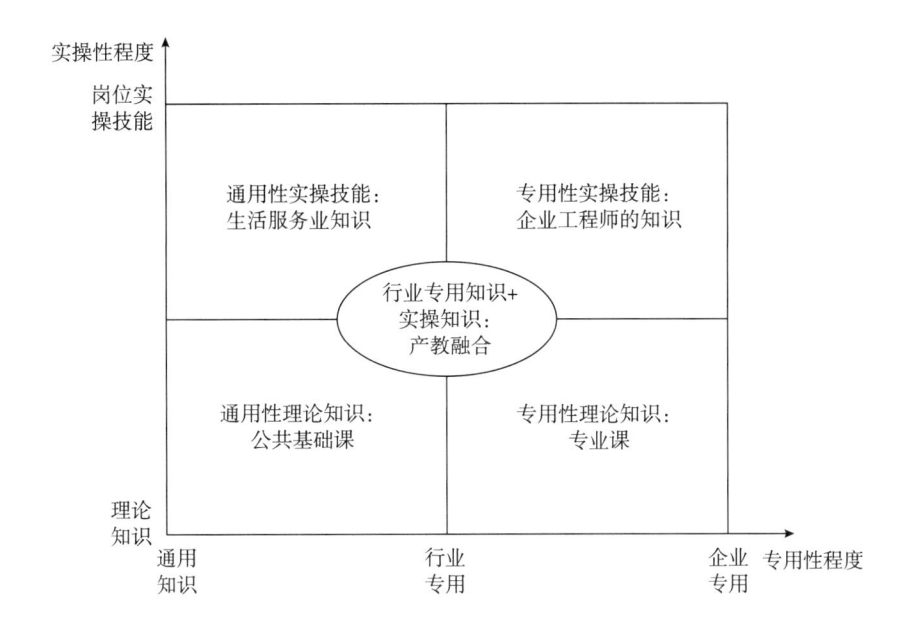

图 5-1　人力资本划分维度与产教融合的定位

一般教育生产人力资本的差别。职业教育面向生产、建设、服务和管理一线的技能人才，强调就业导向的目标定向，旨在满足社会需求和个人职业发展的双重任务。① 因此，职业教育更侧重于培养学生的实际操作能力和职业技能，以确保他们能够胜任特定的职业岗位。人才培养的核心是教学课程体系，职业教育课程的内容和结构应围绕工作过程展开，而非如普通教育那样根据学科体系进行系统化的设计。这意味着职业教育课程的设计需围绕真实的工作情境展开，让学生在模拟或真实的职场环境中学习并掌握必要的职业技能。② 虽然职业教育与普通教育都致力于人的全面发展，但在具体目标设定、教学内容选择及实施路径等方面存在显著差异。职业教育更加贴近实际应用，

---

① 姜大源：《高等职业教育的定位》，《武汉职业技术学院学报》2008 年第 2 期。

② 姜大源：《关于工作过程系统化课程结构的理论基础》，《职教通讯》2006 年第 1 期。

侧重于培养学生的动手能力和解决实际问题的能力；而普通教育则更倾向于提供广泛的理论知识和通识教育。

从教学实践上看，职业院校学生不仅要掌握公共基础课和专业课等理论知识，更要掌握行业操作技能，而且前者为后者做了铺垫，但最终职业教育还是以培养学生行业专用性人力资本为主要目的。以高等职业教育为例，目前规定公共基础课程学时大约占总学时的 1/3—1/4，实践性教学学时约占总学时的 50%以上，顶岗实习时间一般不低于 6 个月。[①] 高等职业教育中的数学、英语、计算机等课程讲授的是学生的通用知识，专业课程和实习课程占职业院校在校课程总量的一大半，这些课程讲授的是学生的行业专用知识，顶岗实习也主要是让学生积累行业专用性人力资本。

基于以上分析，本章可以给出产教融合的一个定义：产教融合是学校和企业分别投入资源进行市场化的合作，以提升劳动者专用性人力资本的过程。这里的学校主要是指各类职业院校或技能培训学校，企业既包括用人企业，也包括专门从事技能培训的企业；合作的方式是各方投入物质资本和知识资本进行市场化合作，共同培养学生，学生获得的技能一般是行业专用性技能，尤其是实操性技能；融合的成败关键取决于学生的知识和技能能否适应企业的需要以及参与各方的积极性，即从学生的培育和配置中取得合理的收益。

第二节　产教融合的融合机制分析

对一项事物或现象的认识必须了解其产生原因和运行规律。而这离不开对其运行机制的分析。所谓机制分析，是指对事物

---

① 资料来源：《教育部关于职业院校专业人才培养方案制订与实施工作的指导意见》（教职成〔2019〕13 号）。

构成要素和要素之间互动关系进行研究。为深化对产教融合本质及其发展规律的认识，本章尝试从构成要素和融合方式两个角度进行分析。

一 产教融合的构成要素

产教融合的根本目的是促进人力资本积累。人力资本理应属于资本的范畴，遵循资本的一般运动过程。资本是生产出来的，同理，人力资本也应是生产出来的。劳动者通过学习和实践掌握了知识和技能，并参与经济实践活动创造了新的价值，就可认为其人力资本得到了提升。研究产教融合与人力资本积累之间的关系就要回到人力资本生产过程分析上。

资本的生产是经济学研究的一个基本问题，研究这一问题离不开资本结构的研究。米塞斯认为，市场经济的特点是复杂的资本结构，其中，个体互补的资本品通过市场直接或间接地结合在一起。[1] 人力资本也不是同质的，是由多种不同的知识和技能组成的，每种知识和技能都有其独特的作用和价值，各种知识之间存在互补性，如同实物资本中的建筑物、机器设备等。随着分工的日益深化，市场需要的人力资本构成也日益复杂，而生产复杂资本必然需要更复杂的投入组合。早在19世纪，门格尔就提出，生产过程是一个连续的过程，在这个过程中，较高阶的商品（资本品）被逐步转化为较低阶的商品（消费品）。人力资本也是如此，给学生讲授知识的老师必须具有比学生更丰富和理解更深刻的知识，实训设备中蕴含大量工程师的经验总结，而学生最终只能学习到其中一部分的知识。资本的复杂性既体现在蕴含知识的深度上，也体现在复杂的资本品组合上。不同的投入品产权属于不同的主体，因此，生产人力资本需要

---

[1] ［奥］路德维希·冯·米塞斯：《人的行为》，夏道平译，上海社会科学院出版社2015年版。

一个严密而复杂的合作组织架构。本章以国家推荐的一种产教融合模式——现代产业学院为例，阐述人力资本生产过程中的参与主体和投入资本的类型。

2020年，教育部制定了《现代产业学院建设指南（试行）》，该文件明确了创新人才培养模式、提升专业建设质量、开发校企合作课程、打造实习实训基地、建设高水平教师队伍、搭建产学研服务平台、完善管理体制机制七项建设任务。根据这些任务，本章提炼总结主要涉及三类要素：一是物质资产投入，包括实训基地、实验室、研发中心、生产基地等固定资产；二是无形资产投入，包括人才培养方案、课程体系、资格认证标准、专利等无形资产；三是人力资本投入，包括企业导师引入、双师型教师培养等。

从资本投入的归属来看，物质资产投入由企业和学校共同承担，其中，实训基地、实验室等建筑空间一般由学校提供，空间内的软硬件设备则主要由参与产教融合的企业提供。无形资产投入主要体现为知识投入，而产教融合知识主要来自生产一线，主要由企业提供，涉及学生学业安排的知识，又必须来自学校，投入的内容包括课程体系、资格认证标准、行业标准等；人才培养方案要符合市场需要，其中必然包含企业生产过程的信息，而这种信息只能由企业提供，因此，人才培养方案是企业牵头、学校参与共同制定的。从人力资本投入来看，现代产业学院的老师由企业和学校共同提供，其中，企业导师来自生产一线的工程师和研发人员，而学校负责学生日常管理和公共基础课教师的配备。尽管现代产业学院资产中没有直接体现政府，但其作用不容忽视，政府影响资本组合的方式是通过货币资本投入来实现的。甚至在很多情况下，政府的支持是现代产业学院能够建立和维持的关键因素。政府的货币资本投入体现在产教融合政策工具中，例如实训基地投资、设备采购更新投资等专项投入，这些政策通过政府财政资金支持的方式形成了学校的固定资产。

二 参与主体的融合方式

生产过程需要资本组合，资本归属不同主体，因此，生产是需要合作的。制度经济学认为，所有的生产都是"团队生产"。拉赫曼在《资本及其结构》一书中指出，资本的生产是一个多阶段、多主体的运动过程，涉及初始投资、生产计划的制定和执行、市场机制的调节、资本的重组以及知识和技能的积累。以现代产业学院为例，学校投入的资源和资本，包括使用政策资金形成的资产，如教室、实训设备等，属于公共资产。这些资产运营追求公益性目标，并不追求经济收益。学校负责理论教育和基础能力的培养，包括职业素养、基础技能、通识教育等。企业投入的实训设备、专业课教材和聘请企业导师等都是市场化运营的。

产教融合培养专用性人才，相较于普通教育更符合企业的需求，紧跟市场的变化。这就要求产教融合不能以公办机构的方式开展业务，而必须按照市场逻辑和企业化方式运行。企业化运行必须解决产权问题和收益分配问题。因此，通过构建有效的运行组织来协调参与主体利益关系，成为产教融合存续的关键。在产教融合中，参与主体所掌握的资源属性不同。企业参与产教融合主要是为了经济利益，因而其投入必须能够获得相应回报。学校大多是公办机构，参与产教融合是自身功能的需要，追求的目标是社会效益，例如提升劳动者技能、促进机会平等、实现充分就业等。

在产教融合中，需要协调好企业和学校两方的利益，处理好权责利相匹配的关系。当前，产教融合过程中面临的第一个问题是企业参与意愿不足，即"校热企冷"问题。该问题产生的主要原因是多方合作的利益难以协调，加上相关制度安排不够健全，产权安排和利益分享机制不够明晰，参与方都面临更高的交易成本。在这种情况下，如果产教融合项目设计缺乏合理的企业获益或者其他激励机制，企业必然会退出，从而导致项目失败。

经济活动是一个学习和试错的过程。资本生产的每个阶段都会涉及不同参与主体所属物质资本和人力资本的组合。企业通过不断尝试不同的策略，逐步积累经验，了解哪些策略有效、哪些策略无效。企业的用工需求通过一定的方式转化为市场信息传递给产教融合项目组织者，项目组织者根据这些知识和信息进行生产经营活动。一些观点认为，这些信息主要是关于产品组合权重的信息。这是因为大多数专用性人力资本实际上也是由通用性人力资本组成的，也就是说，从单项资本来看，也可以被其他公司使用，但组合后就会出现专用化属性，专用性体现为不同企业对不同技能的权重不同。[1] 产教融合项目能够有效运行，最重要的是要了解人力资本的结构信息，或者说用人企业需要劳动者具有什么样的知识与技能组合。

市场信息的搜集通常伴随着一定的成本，而专业化的公司在这一领域往往具备比较优势和独特价值。不同市场主体在获取市场信息时所面临的边际成本各不相同。学校虽然在公共知识的积累与传授方面拥有显著优势，但在主动搜索市场信息的能力上相对较弱，导致其获取此类信息的成本相对较高。相比之下，企业在面对激烈的市场竞争时，强大的市场信息搜寻能力成为其生存与发展的关键要素之一。那些能够在竞争中站稳脚跟的企业，往往能够以更低的成本获得必要的市场信息。因此，从信息成本的角度考虑，由企业主导的人力资本生产过程不仅能够提高效率，还能更好地适应市场变化。

---

[1] Lazear, Edward, "Firm-Specific Human Capital: A Skill-Weights Approach", *Journal of Political Economy*, 117, 2009: 914-940; Gibbons, Robert and Michael Waldman, "Task-Specific Human Capital", *American Economic Review*, 94 (2), 2004: 203-207.

产教融合面临的第二个问题是学校和企业信息不对称以及由此产生的机会主义行为，而机会主义行为会导致产教融合项目失败。正如上述分析，企业具有行业知识和市场信息优势，导致其在指定面向市场需求的决策中具有更强的谈判地位。对于逐利的企业来说，如果没有很强的制度约束，很容易利用其在知识和信息上的优势采取机会主义行为，导致学校收益被挤占或者利益受损。为此，要想保障产教融合能够健康有序推进，制度必须有明确的规则，政府或行业协会还需要制定详细的导则，尽可能限制企业采取机会主义行为的可能性以及加强对机会主义行为的惩戒力度。

第三节 深化产教融合的路径和改革建议

一 大方向：发挥好政策的支持引导作用，调动各方尤其是企业的参与积极性

产教融合中的公共物品投入、信息不对称等"市场失灵"问题，导致参与方尤其是产业方参与积极性不高。具体来看，一是产教融合项目往往需要大量的公共资金投入，包括基础设施建设、师资培训和课程开发等。投入大、回报低，学校无力承担，企业不愿意负担。二是参与主体多元，专用性理论知识获取和积累难度比较大。由此产生的信息不对称问题使企业在参与产教融合时难以准确评估其投入与产出，从而降低了参与积极性。三是人力资本外部性强，由于知识扩散快、人才流动性强，企业投入资源培养出的人才很容易流失，企业投入难以收回。

这些问题单靠学校或企业一方是无法解决的。现有产教融合政策强调支持学校，而没有对企业给予足够的支持，导致企业参与意愿不足。因此，未来产教融合政策应将重点调整到如何调动企业参与技能人才培养的积极性上。一方面，政府要通过财政补贴、税收优惠和资金支持等方式，直接给真正参与产

教融合的企业以"真金白银"的补贴，使其能够弥补投入成本，并获得合理收益。另一方面，政府支持建设共性技能培训平台，促进资源和信息汇聚，减少信息不对称和市场不确定带来的风险，如公共实训基地、创新创业基地、产教联合体与共同体等；鼓励专业化企业或运营团队运营技能培训平台，提高平台运行效率，提升技能人才培养环境和配置效率。

二 推动校企合作中的产权制度改革，构建市场化的产教融合运营组织架构

经济合作的有效性和稳定性建立在合理利益分享机制基础上，而利益分享又要以明晰产权为前提。在产教融合中，要明确企业和学校的权利和义务，建立规范的产教融合合同管理制度，规范校企合作的协议内容，确保双方权益得到法律保障。清晰界定学校与企业各自投入的资产（包括但不限于资金、设备、技术、知识产权等）的性质和所有权，避免因产权不清导致的合作纠纷。建立合理的收益分配机制，确保双方都能从合作中受益。例如，可以约定合作项目产生的利润按一定比例分成，或者将合作成果（如专利、技术）的使用权或转让权合理分配给双方。

产教融合项目毕竟是要面向市场的，这就需要科学的机制设计，即建立比较有效的方式是参照现代企业制度建立产教融合的运营模式。建立完善的法人治理结构，确保决策的透明度和科学性，包括设立董事会、理事会等机构，负责制定发展战略、重大决策和监督管理，明确各自的职责权限。创新产权合作模式，探索有效的股份制合作模式，允许企业以资本、技术、管理等要素入股现代产业学院，严格执行合约规定分配相应的股东权益。

三 引入产教融合运营中介机构，建立四方联动机制

产教融合与一般经济活动的区别在于，产教融合并非纯市场也非纯公益性的项目,需要协调不同属性的机构业务、资产和利益。由于各方利益诉求不同、动机不同,信息搜集成本和组织协调成本很高。本着"专业的人干专业的事"的原则,需要引入一个既了解市场需求,也了解学校运营以及资源整合和信息搜集能力比较强的市场主体,负责运营产教融合项目。这类市场主体通常是教育中介服务企业,例如有教育和培训知识的人力资源服务企业。因此,产教融合从过去的政府、企业和学校三方参与转变为政府、企业(用人企业)、学校和第三方机构(中介企业)四方联动。政府负责制定政策、监督和评估产教融合项目,明确产教融合的目标和任务,提供财政、税收、土地等多方面的支持。学校负责人才培养、课程开发、实训基地建设等,与企业合作,优化专业设置,更新课程内容,提高教学质量和学生的实践能力。企业参与人才培养的各个环节,提供实习实训基地、技术设备、项目支持等;通过"引企入教"、共建实训基地、参与课程开发等方式,深度融入教育过程。第三方机构提供专业的运营管理、评估、咨询服务等,客观、公正地评估教学效果、提供专业建议,促进各方合作的顺利进行。

四 完善产教融合的激励约束机制,建立科学的产教融合成果评估制度

产教融合能够健康可持续推进,既要给予学校和产业方一定的政策支持,调动双方的积极性;也要防止双方采取机会主义行为,使双方的合作有规可循,避免陷入"囚徒困境"。为此,建议由国家发改委牵头联合教育部、人社部,组织行业协会及研究机构组建专家团队,共同制定一个涵盖全面、内容系统、可操作性强的"校企合作"导则。其中,要明确规定参与各方的权利与义务,设定合作的基本框架和原则,包括但不限于知识产权分配、人才培养模式、科研成果转化等方面的规定,尤其是产权归属和利益分配机制。此外，还须设立监督机制，对违规行为进行有效预防和惩处，以维护整个体系的健康运行。

对于获得财政资金支持的产教融合项目，其考核评估应当基于一系列客观公正的标准。一方面，要注重项目的直接产出，如新开发的技术或产品数量、专利申请数、学生就业质量等可量化指标；另一方面，应考虑间接效益，例如企业竞争力提升、行业影响力扩大以及对区域经济发展的贡献等较难量化的因素。同时，可以引入第三方独立评价机构，确保评估过程的专业性和独立性，增强结果的可信度。建立长期跟踪机制，持续关注项目实施后的中长期影响，以便及时调整和完善相关政策，推动产教融合向更深层次发展。

第六章　中国产教融合创新路径探索
——基于中德职业教育体系比较的视角

第一节　引言

在当前劳动力市场上，求职者技能与岗位需求不匹配问题是一个亟待解决的结构性矛盾问题，反映了教育培养体系与瞬息万变的市场需求之间未能实现精准对接的现状。党的二十大报告指出："统筹职业教育、高等教育、继续教育协同创新，推进职普融通、产教融合、科教融汇，优化职业教育类型定位。"[①] 为职业教育的发展指明了发展方向和路径，其中，产教融合是现代职业教育的必由之路，也是改革的重点难点。

产教融合的关键是校企合作。但从目前校企合作的情况来看，普遍存在企业积极性不高、参与度低、合作流于形式等问题，这是导致学生的职业认知和技能水平与市场需求脱节的根本原因。德国"双元制"职业教育成效举世瞩目，它的成功在于学校教育与企业实践的紧密结合，确保了学生既能获得必要的理论知识，也能在实际工作中得到技能训练。中国从20世纪80年代开始借鉴德国的"双元制"理念与模式，经过40多年

---

① 习近平：《高举中国特色社会主义伟大旗帜　为全面建设社会主义现代化国家而团结奋斗——在中国共产党第二十次全国代表大会上的报告》，人民出版社2022年版，第34页。

的实践探索，为中国职业教育的改革发展提供了许多有益借鉴和重要参考。但从合作项目的最终结果来看，"双元制"模式并未在中国得到普遍推广，仅在德资企业较多的极少部分地区存续。

本章在梳理相关文献的基础上，采用梁鹤年提出的"背景迁移比较法"，通过科学的比较分析，提出在中国背景下如何借鉴德国"双元制"职业教育模式的思路，为创新中国产教融合路径提供参考。

第二节　文献综述

学者对德国"双元制"职业教育体系的研究始于1980年，初期以介绍经验为主的研究。1983年，中国与德国职业教育合作拉开帷幕，随着实践的深入，直接移植德国经验暴露出诸多问题与困难。于是，学者将研究的重点转向解释"双元制"模式推广受阻的原因及改进方法，主要从体制机制、法律法规、行业协会、社会文化、发展阶段、教学资源和师资水平等角度来分析。

在体制机制方面，王孟指出，1999年教育体制改革后，经过企校分离、院校划转等一系列工作，高等职业院校划归教育部门管理，劳动保障部门、政府业务部门、行业协会与高等职业院校之间的沟通与联系逐步淡化，中国的职业教育已经是事实上的职教分离了。[①] 王雅静指出，20世纪90年代，随着市场化转型，行业产业格局变化导致依托行业发展的职业学校面临生存发展的危机，职教管理体制从行业办学转变为教育统筹，但是校企合作主要依靠原有资源和路径，合作越来越缺乏良好

---

① 王孟等：《中国高职教育校企合作现状及影响因素分析》，《课程教育研究》2017年第31期。

的外部制度环境。①

在法律法规方面，白晶晶认为，德国"双元制"能够成功的一个重要原因就是以法律的形式明确了学校、企业、学生的权利和义务，其相关法律法规多达几十部。由于中国政策制度的不完善，校企合作在合作内容和具体实施上难以操作。② 余亚微、陆明克认为，1969 年颁布的《联邦职业教育法》起最主要的作用。《联邦职业教育法》规定企业必须依据《职业教育条例》的规定来培养学徒，并用合同的形式将职业教育关系规范起来，同时规定了教育机构和教育者的资质以及行会的角色、考试的基本制度等。③ 杨玉宝指出，看似一个统一体的"双元制"职业教育体系，却是由联邦和州不同的法律来规范的，《联邦职业教育法》将市场经济中的私法范畴（培训合同涉及的自由缔结合同权）与国家公法的范畴（职业培训规章）有机地结合在一起，构成"双元制"职业培训体系的基础，涉及两个法律领域，即私法和公法；涉及两个法律管理主体，即联邦和州。④

在行业协会方面，李慧认为，德国行业协会是在法律保障下参与职业教育的管理、决策和实施的。而中国行业协会由于自身发展的不健全和法律保障的缺失，只能在体制外参与职业教育。⑤

---

① 王雅静：《德国双元制中国化的组织向度——以新星职校的组织演变为例（1984—2002）》，《教育学术月刊》2021 年第 3 期。

② 白晶晶：《德国"双元制"对我国职业教育校企合作的启示》，《南通航运职业技术学院学报》2016 年第 4 期。

③ 余亚微、陆明克：《德国双元制职业教育质量保障体系》，《职教论坛》2016 年第 25 期。

④ 杨玉宝：《对德国"双元制"职业教育的新认识》，《比较教育研究》2002 年第 3 期。

⑤ 李慧：《职业教育的补充"元"：德国跨企业培训中心本土化路径探析》，《教育科学论坛》2022 年第 18 期。

在社会文化方面，周丽华、李守福认为，德国政府与经济界的合作关系根植于德国学徒培训的行会传统、德意志民族独特的自由观等文化环境。① 张瑶瑶、王文礼利用霍夫斯泰德的文化维度理论，分析了中德文化之间的差异，认为中国文化中的相对德国的低不确定性规避和高权力距离是中德学生对待"双元制"职业教育态度差异形成的原因。② 陈洪捷等认为，职业与应用教育隶属于工业技术文化，但中国的学校与企业之间缺乏共享的文化，更多是一种建立在利益基础上的合作，这使二者的合作很难深入和持久。③ 徐平利指出，德国"双元制"职业教育凝聚了德国人"强烈的职业认同意识""融合的国家主义和个人主义观念""严格的行会制度传统"等文化特征，而中国职业教育的校企合作必须扎根于本土文化土壤，即"致良知""匠人之道""技艺之美""和而不同"等中国传统文化。④

在发展阶段方面，杨蕊竹、孙善学认为，德国经济发达，企业对技能人才有旺盛的需求，而德国的劳动力供给相对短缺，供小于求。企业为了储备技能人才，主动提供学徒岗位、支付学徒培养费用。相比之下，中国劳动力资源比较丰富，企业尤其是知名企业往往有比较多的招聘选择，缺乏主动参与职业教育的内在动力。⑤

在教学资源和师资水平方面，德国"双元制"创新理论奠

---

① 周丽华、李守福：《企业自主与国家调控——德国"双元制"职业教育的社会文化及制度基础解析》，《比较教育研究》2004年第10期。
② 张瑶瑶、王文礼：《中德学生对待双元制职业教育的态度比较——基于霍夫斯泰德的文化维度理论》，《职教发展研究》2022年第4期。
③ 陈洪捷等：《德国工业技术文化与职业教育（笔谈）》，《中国职业技术教育》2021年第36期。
④ 徐平利：《德国"双元制"及其中国实践再审视：文化的视角》，《职业技术教育》2021年第28期。
⑤ 杨蕊竹、孙善学：《德国双元制教育治理体系研究与借鉴——基于文化历史活动理论的分析》，《北京行政学院学报》2021年第4期。

基人劳耐尔（Felix Rauner）认为，德国移植"双元制"之所以不太成功，其根源在于参与其中的职业教育专家缺乏足够的专业知识。白晶晶认为，在教育总体投入占GDP的4%的情况下，国家对已经占据中等、高等教育半壁江山的职业教育投入的公共教育经费很少，仅占教育总投入的8%左右，对于依靠社会力量办职业教育的投入则更少。①

从现有文献分析来看，对"双元制"与中国"土壤"不协调的原因分析已经较多，但是绝大部分未深入挖掘其形成的历史根源，且在如何借鉴德国"双元制"的方法论上还存在不足。事实上，土壤的形成根植于一个国家的历史背景，其改变是有限度且缓慢的。德国"双元制"模式根植于德国长期形成的政治、经济和文化体系，而中国的产教融合模式也一定是中国自己土壤中生长出来的，生搬硬套一定会与本国土壤相冲突，但这不能否认中国要从"双元制"模式中汲取经验加以改造和利用。本章引入梁鹤年提出的"背景迁移比较法"，提出如何借鉴和吸收德国"双元制"中一些好的做法，探索出中国"双元制"的路径。

第三节 背景迁移比较法介绍

背景迁移比较法（Shift-of-Context Analysis）是由梁鹤年于2003年提出的一种比较研究方法。其原理是一个地方的政策、制度等手段和它产生的文化、历史等背景紧密相关。背景因素产生了现象，现象是背景因素的表现，二者的吻合、冲突与张力关系决定现象的持久性。关系越吻合，现象越持久，反之则越容易改变。因此，在进行比较分析时，需要将二者的背景差

---

① 白晶晶：《德国"双元制"对我国职业教育校企合作的启示》，《南通航运职业技术学院学报》2016年第4期。

异和现象表现结合起来,从深层次进行分析。采用这种方法,可在充分考虑中德两国不同的职业教育发展背景下,改进和利用德国的职业教育手段。

该方法通过清晰的步骤化分析,可以更有逻辑、更全面、更深层次地将二者的背景和现象进行对比分析,再通过适应性调整取其精华、去其糟粕,得到适用的经验手段,避免简单的"拿来主义"。

在具体应用层面,背景迁移比较法有七个步骤,如图6-1所示。

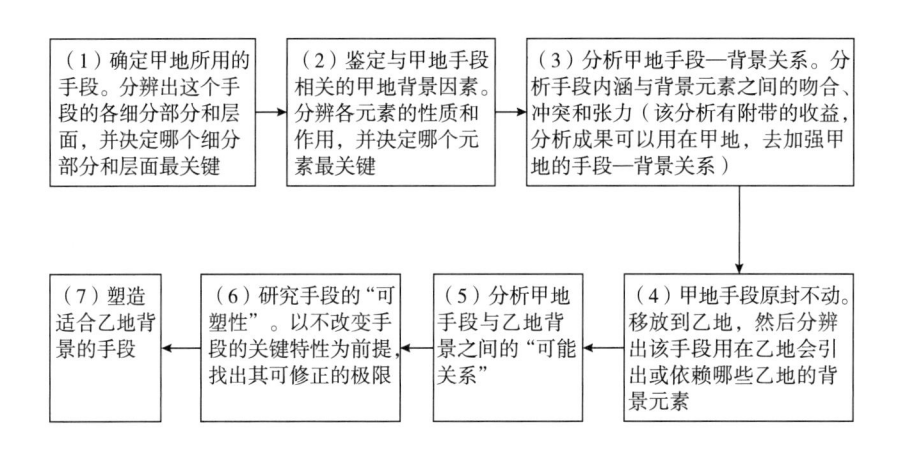

图6-1 背景迁移比较研究方法步骤

资料来源:梁鹤年:《论方法(3):比较》,《中国投资》(中英文)2020年第2A期。

第四节 德国"双元制"模式背景迁移比较分析

一 德国"双元制"职业教育关键要素(步骤一)

德国"双元制"职业教育以企业与学校作为培养学生的"双元"主体,通过一系列法律法规及制度安排,共同培养兼具理论与操作能力的人才,从中可以提取以下几个关键的手段。

1. 以企业方为主体,校企协作培养

德国企业在学生招收、制订培训计划及留用等方面发挥决定性作用。参与"双元制"职业教育的学生先参与企业面试并通过后，再和企业与学校签署三方协议，参与"双元制"职业教育的每一名学生自身都具备学生与学徒的双重身份。学校与企业共同制定学生培养方案，企业进行实际操作技术培训，学校进行相应的理论知识培训，教学在企业和学校交替进行，约70%时间在企业，约30%时间在职业学校。"双元制"职业教育的毕业论文撰写也以企业需求为导向。

德国职业教育的经费投入以企业为主、国家为辅，企业投入的资金大约占65%—75%，而政府投入的资金占25%—35%。企业需为学生支付学校学习阶段的月薪、社会保障金，并提供带薪休假等福利待遇。学校获得企业、联邦州或联邦政府的资助，按企业与行业需求培养学生。

2. 行业协会的关键地位

在德国的"双元制"职业教育体系中，行业协会发挥作用十分关键。《联邦职业教育法》授权给各行业协会负责企业职业教育的具体管理工作，主要包括企业职业教育办学资格的认定、企业教师资格的考核和认定、学生的考核与证书颁发、培训合同的纠纷仲裁等。同时，协会也负责大部分跨企业培训中心的建立、组织和管理。

3. 完备的政策法规体系

德国从法律层面明确了企业在职业教育中的权利与义务。1869年，德国政府颁布了《强迫职业补习教育法》，1889年颁布了《工业法典》，1969年又颁布了《联邦职业教育法》，以法律条文的形式规定了企业学徒培训必须与职业学校教育相结合，给企业参与职业教育提供法律保障，凸显了企业在职业教育中的主体地位。同时，德国还出台了一系列与法律配套的法规、条例，用以指导职业教育的具体运行。这些法规内容齐全、分类清晰，颇具可操作性，如《手工业条例》《培训员资格条例》等。

为了鼓励企业降低成本，德国联邦政府采用了税收优惠和培训补贴等方式，并对培训经费的构成以及如何使用进行了详细的规定，如《企业基本法》《联邦劳动促进法》等。

4. 跨企业培训中心的重要作用

跨企业培训中心是德国职业教育重要的机构之一。最初，它仅仅作为企业培训的辅助形式建立，为中小企业开展培训。后来逐渐扩展了职业教育技术转移、专业咨询和事务服务等多种功能。跨企业培训中心以学员技术技能、就业能力、社交能力等职业能力的直接提升为主要标准，因为其有助于消除不同地方、不同企业之间因培训条件不同而造成的培训质量差异，在某些领域取得了比企业培训更好的效果，有助于解决职业培训的机会均等问题。

二 德国"双元制"产生背景（步骤二）

结合德国"双元制"产生的历史背景，从中可以提取以下几个相关的背景要素。

1. 学徒制与行业企业培训

学徒制起源于古希腊，盛于中世纪时期。学徒制是依附于行会组织而存在和发展的，行会组织被正式且合法地赋予了学徒技能培训及技能资格认证的权力，明确了从学徒的准入条件到学徒期限的各项规定。规范化的管理促进了当时手工业的发展和德国经济的发展，对欧洲社会发展有极大的影响。德国的学徒制传统从手工业时代一直延续并发展至今，成为德国教育体系的重要组成部分，同时也奠定了行业和企业参与职业教育的雏形。

19世纪末20世纪初，随着德国工业革命的推进，工业对技术工人的需求越来越大，手工业学徒技能培训远远不能满足工业需要。于是，一些大型机械制造业和金属加工企业开始自己建立培训车间，制定培训战略，大规模对学徒进行培训。同时，这些工业企业还组成了机械设备制造业联合会（VDMA），与手工业协会关于技能资格认证权展开争夺。为了加强工业技能培训，德国技术学校委员会对工业学徒制培训进行了标准化改革，极大地推进了学徒培训的技能标准化和系统化。

2. 工业化和职业教育的发展

18世纪初，在初等教育的基础上，德国一些地区开办了星期日学校或夜校，进行继续教育。随着工业化的崛起，这些继续教育学校逐渐转变为技术学校，吸引了大量年轻人来学习。随着德国经济的继续发展，业余性质的技术学校依然难以满足产业对工人的素质要求。在此背景下，按照专业划分、以职业为导向的义务职业进修学校诞生了。1938年，德国义务教育法中正式规定职业技术教育为义务教育，奠定了德国职业技术教育的发展基础。

第二次世界大战之后，德国经济复苏，初等学校毕业后，学生通过选择进入不同类型的中学为不同的后续教育做准备，比如，准备进入高等学校的学生主要进入文理中学学习，准备进入职业技术学校的学生则进入实科中学学习，然后选择进入高等学校或者职业技术学校。在这个时期，德国独特的"双元制"职业教育逐渐成形。

3. 清晰的治理体系和职责划分

德国"双元制"职业教育治理体系可以概括为三个层级（联邦、州和协会、学校和企业）和两条主线（教育和职业）。德国的"双元制"治理体系通过这三个层级的紧密协作和两条主线的有机结合，实现了理论学习与实践经验的深度融合，保证了职业教育的高质量和实用性，为德国经济和社会发展提供了持续的人才支持。

在联邦层面，其核心任务是制定全国性的政策法规。联邦教育与研究部、联邦职业教育研究所和联邦经济与技术部三个部门在"双元制"治理中发挥了主要作用。联邦教育与研究部对出台联邦职业教育政策具有最终决策权，是德国教育最高主管机构；联邦职业教育研究所为联邦职业教育决策提供建议，还负责研究企业职业教育；联邦经济与技术部的主要职责是认证教育职业和颁布《职业教育条例》。

在中观层面，企业职业教育和学校职业教育由协会和州政府"分而治之"。行业协会负责监督企业实施职业教育的质量、管理学徒合同、组织实施结业考试等。各州政府的文教部负责管理职业学校，规范学校办学行为，出台本州的职业教育相关政策法规。联邦各州的文教部部长组成了一个文教部长（KMK）联席会议，一般在《职业教育条例》修订的同期，文教部长联席会议会要求各州文教部委派专家参加草拟"职业学校框架教育计划"。在"双元制"职业教育中，企业依据《职业教育条例》，学校依据《职业学校框架教育计划》。

企业、职业学校和跨企业培训中心作为具体的教育培训实施单位，分别位于州政府和行业协会的直接监管之下完成各自的教育教学任务。

4. 德国中小企业对技能人才的需求及技术工人收入地位

德国是世界第四大经济体，中小企业占企业总数的99%，贡献了约54%的附加值，拉动了德国60%以上的就业。德国也是世界上"专精特新"企业最多的国家，有1300余家，占世界总数的三分之一以上。这些企业都需要大量的技能人才。由于德国的人口少，技术工人长期短缺，因此，德国技术工人工资高于全国平均工资。德国政府也十分重视技能人才，政府全额拨款德国的职业教育，每个学生每年可获得可观的教育经费。德国的技术工人还可以随时申请进入大学深造，毕业后拿到国家承认的文凭，高级技术工人的收入更高。由于技术工人的工资高且更易找到工作，一半以上的初中毕业生会直接选择进入职业学校。

在培养方式方面，实力雄厚的企业多具有自己独立的培训中心，但大多数中小企业却因资源有限，不具有单独完成职业培训的能力和资质，进而产生了对高标准实训中心的委托需求，在此背景下便产生了跨企业培训中心；另外，有些大中型企业虽然有条件承担完整的"双元制"职业培训，但仍愿意将小部分的培训任务外包给一些专业的跨企业培训中心，因为这些培训中心往往在某个细分的培训领域具备很强的师资、良好的设备和非常有效的训练方法，能为企业提供专业化、高水平的特色培训。

三 德国"双元制"模式和背景的关系（步骤三）

1. "双元制"和德国背景的吻合关系

（1）学徒制发展历史与"双元制"的吻合

从德国学徒制和行业协会共同发展的历史看，其深度参与职业教育体系不是第二次世界大战后有意识的制度设计的产物，而是扎根于19—20世纪之交的传统学徒制的现代转型的过程中，具有经济、文化和制度方面的吻合性。从手工业发展到工业化时期，德国的学徒制也跟随着经济发展不断更新调整，但从未间断。在学徒制体系中，企业是绝对的主体，在德国现代职业教育体系中，企业依旧是主导。行业协会在原来的学徒制体系中一直承担着管理、监督和技能资格认证等责任，在法律中被赋予了合法的地位，延伸到职业教育中，仍旧承担着该责任。

（2）职业教育形成历史与"双元制"的吻合

职业学校是在德国工业化加速阶段，对人才的素质和技能要求不断提高的背景下自然萌芽的，补充了学徒制教学方面的不足。为了提升工人的整体文化素质，德国政府于1889年颁布《工业法典》，规定企业学徒的培训必须与职业学校教育相结合。此后，德国从原来零星培养学徒和主要依赖工厂师傅带学徒的方式，开始转向学徒制和职业学校相结合的方式。这与"双元制"

体系中学校的辅助地位相吻合。从两类教育的来源看，职业教育是由中下层的学徒制演变而来的，而学术教育则是中上层的精英教育，职业教育是后来纳入教育体系的。德国职业教育与普通教育双轨并行的教育体系与社会分层相互依存，互为表里，早期分流进入"双元制"体系是德国社会分层在教育和职业方面的体现。

（3）清晰的治理体制与"双元制"的吻合

三个层级分工合作，联邦政府主要抓顶层设计与专业指导，制定全国性的法律法规，以指导州和协会；州和协会按照联邦政府的规定，分别指导学校和企业的教学，并由州和协会来组织最后的考核评价，整个管理体制和政策体系相吻合，不存在交叉治理，也不存在分而不合的情况。

（4）德国中小企业对技能人才的需求与"双元制"的吻合

以企业为主体的职业教育体系成立的条件有两个，一是需要技能人才的企业足够多，二是企业有能力、有意愿支付培养技能人才的成本。德国的中小企业多、技术水平高、对技能人才的需求大，且这些企业多处于产业链的高端，企业利润较高，因此，企业愿意为人才的培养付出成本。同时，因为企业收益较高，技术工人的待遇通常高于全国平均水平，使"双元制"培养出来的技能人才留在本企业的比重较高，因此，企业在未来能够回收在人才培养阶段付出的成本，形成企业技能人才培养和使用的良性循环。

2. "双元制"和德国背景的冲突与张力

（1）经济的发展需求与职业教育供给的冲突与张力

冲突——20世纪70年代以后，产业结构的不断高级化，特别是随着数字化的转型和工业4.0的推进，很多基础性的工作被机器替代，企业对于人才技能的要求越来越高，"双元制"职业教育也相应需要进行知识结构升级。

张力——在2018年新修订的《联邦职业教育法》中，德国政府提出"建设高等职业教育"的基本理念。德国新《联邦职业教育法》设置了高等职业教育三级学位，采用"职业学士"和"职业硕士"学位名称，以期提升职业教育的吸引力。

（2）职业教育参与人数与"双元制"的冲突与张力

冲突——技术工人短缺是德国长期面临的问题。根据德国经济研究所（IW）保障技术工人能力中心发表的一份报告，因为全国范围内没有相应的合格未就业人员，2022年德国有超过63万个技术岗位空缺无法填补，这是自2010年观察期开始以来最严重的技术工人短缺。根据经济合作与发展组织（OECD）公布的《教育概览（2023）》，德国接受过良好教育的年轻人的比重正在上升，从2015年的30%升高至2022年的37.5%；同时，既未完成高中学业也未接受过职业培训的年轻人的比重也从13%增加到16%，导致完成学徒培训的年轻人比重比其他国家下降得更快，从2015年的51%下降到2022年的38%。

张力——德国正在大力引入外国劳动者补充技术工人缺失。

（3）职业教育与阶层流动的冲突与张力

冲突——德国早期分流的教育体系导致高等教育资源被社会中上阶层所垄断，普通家庭的孩子往往接受职业教育，表面上赋予个体自主选择权利，本质上却是一种淘汰性机制。著名教育社会学教授贝特格（Baethge）用"教育分裂"（Bildungsschisma）来描述德国教育体系的这种特征。

张力——德国教育体系深植于社会文化土壤，尽管有一些冲突，但是张力很强，阶层固化较难打破。德国职业教育和高等教育从贯通走向融合的过程，也是实现更多教育公平的过程。

四 德国"双元制"迁移至中国可能引发的背景（步骤四）

1. 中国产业发展与学徒制演变

中国自奴隶社会起就有学徒制的传统，它以"父子相传，师徒相授"的传授方式，传承着中国的手工艺、艺术、体育、中医教育等技艺。但是中国工业化的后进导致学徒制赖以生存的经济形态发生改变，与之相适应的学徒制渐渐走向衰落。

在计划经济时期，各类工厂设有职工大学，为中华人民共和国成立初期的工业建设补给大量技术工人。但在"统包分配"的就业制度下，学徒工"等靠要"等思想蔓延。进入20世纪80年代后期，中国劳动制度改革进一步深入，在1983年提出"对新招收的工人实行劳动合同制"、1986年提出"国有企业用工面向社会，公开招收"后，企业培训技术工人的积极性大幅减弱，"终身制"的学徒保障制度瓦解。进入20世纪90年代，随着企业技术升级及大量中等职业学校和技术工人学校毕业生涌入市场，学徒制的不适应问题更加凸显，逐渐淡出历史的舞台。

2. 中国行业协会制度

中国的协会起源于唐宋时期"行会"，长期以来，行会都是作为政府服务的团体而存在的，绝大部分管理者也来自官府的士大夫阶层。明末清初，伴随着资本主义的萌芽，行业细化以及手工业种类的增多使行业组织活动逐渐活跃，但不可避免地仍然带有明显的官办色彩。

中华人民共和国成立后，在国家计划经济体制下，市场的调节作用没有施展空间，中国行业协会发展进入一段停滞期。改革开放后，随着社会主义市场经济体制的逐步建立与完善，社会力量日渐活跃，为行业协会的发展提供了空间。目前，中国行业协会接受政府部门的管理和指导，主要工作是利用政府部门的资源，围绕企业需求开展业务介绍、信息交流等工作。

3. 工业化与职业教育制度形成

中国早期的职业教育源于实业学校，是国家主导建立的，如清政府洋务运动创办的洋务学堂是学习西方科技文化的专科学校。壬寅学制和癸卯学制的实行是新式学校体系建设的开始，按照学制的结构，分为普通教育系统以及师范教育和实业教育两个旁系，这意味着职业学校进入了国家学制体系。

中华人民共和国成立后，为培养重工业和国防建设需要的技术人员，中国仿照苏联模式初步建立起以中等专业教育和技工学校教育为主体的中等职业教育制度。改革开放以来，随着经济社会发展对技能人才需求的不断提升，对中等教育结构进一步调整，并建立了高等职业教育制度。

4. 现代职业教育治理体系

中国的职业教育治理模式和管理体制经历了从行业办学为主到教育系统统筹办学的过程。在职业教育管辖权的产教关系和央地关系上，经历了行业系统的"条条为主"到央地的"条块结合"，再到省级统筹的"块块为主"的变化轨迹。

中国现行职业教育管理体制是由《中华人民共和国职业教育法》和国务院关于部门职责分工方案确定的。国务院教育行政部门负责职业教育工作的统筹规划、综合协调、宏观管理；国务院教育行政部门、人力资源和社会保障行政部门以及其他有关部门在国务院规定的职责范围内分别负责有关职业教育工作。按照国务院现行的"三定"方案规定，中等职业学校中的技能培训学校归人社部门管理，其他类型职业学校归教育部门管理。

5. 中国中小企业人才需求及技术工人的收入地位

中小企业是中国经济社会发展的主力军，是数量最大、最具活力的企业群体。大量新技术、新产业、新业态、新模式"四新经济"都源自中小企业。全国中小微企业数量在2022年年末已超过5200万家，吸纳就业人数占全部企业就业人数的79.4%。但是这些企业基本上都是处于劳动密集型的产业链低端，工人的工资待遇非常低，尤其是一线工厂的工人，月薪仅为三五千元。这样的工作不仅工作强度大，而且由于择业者众多，并且工人所做的工作可替代性非常高，工人的工资待遇和社会地位都大幅下降。其实，在50年前，工人的社会地位非常高，当时国家正在建立自己的工业体系，能够操作机器设备的技能人才很少。工人师傅凭借自己的丰富工作经验而备受尊敬，而且随着年龄的增长，他们的工资也会上涨。但是改革开放后，中国的制造业虽然迅速发展，但在世界分工处于产业链低端，加之劳动力供给较为充裕，因此，其地位和收入也相对发生了重大的变化。

五 "双元制"和中国经济文化制度背景的可能关系（步骤五）

如果把德国"双元制"原封不动地搬到中国，那么其与中国背景的可能关系分析涉及以下几个方面。

1. 职业教育由企业主导

冲突——中国工业化起步较晚，一直处于追赶过程中。当前中国处于产业升级的关键时期，企业发展一方面需要人才的支持，另一方面则面临极大的发展风险，尤其是中小民营企业。根据《财富》杂志的数据，中国近年来发展了许多民营企业，但这些企业相对而言诞生和消亡较快。根据调查数据，中国98%的企业是民营企业，但这些民营企业的平均预期寿命只有2.5年。从员工角度来说，公司的待遇和发展前景会影响员工的离职率。从公司的角度来说，员工的稳定性也与公司是否稳定发展有很大关系。相关数据显示，中国员工的整体平均流动率为15.9%，这一数值在全球范围内属于较高水平。流动率较高的行业多为劳动密集型，这些行业的基层员工流动性较大。在这个阶段，如果让企业来承担这部分教育责任的话，大部分企业没有能力来支付由此产生的费用和付出的精力。

从现行的体制来看，目前中国的职业教育纳入国家的教育体系，主办者主要为地方教育部门，院校制度结构都是按照事业单位来设置的，企业很难再参与进去作为主导方。教育是一个复杂的系统性工程，不仅仅是技术技能的培养，也是综合素质的培养，那么在条件不具备的情况下，贸然让企业来主导，则会影响整个教育体系。

吻合——如今中国的制造业在不断发展，所需要的工人不仅在学历方面有要求，更需要有不断创新的能力，尤其是智能化设备的提升，对工人的技术要求提高。据中国机械工业联合会的统计，目前在中国制造业技能人才缺口中，高级技术工人占比高达40%，特别是在智能制造、新能源汽车等新兴领域，人才缺口更为严重。

在人口供给方面，中国人口发展进入新阶段。自2012年起，中国劳动年龄人口数量和比重持续"双降"。自2016年起，中国出生人口就一直处于下降通道。2022年跌破4位数，出生人口为965万人。人口老龄化是中国社会发展的重要趋势，也是今后较长一段时期中国的基本国情。同时，当前年轻人愿意在工厂做技术工人的不多。

张力——近年来中国政府非常注重技能人才的培养，出台各类政策支持。同时，随着近些年国家整体实力的增强，也涌现出了一批以国有企业和大型民营企业为代表的成熟企业，有实力、有意愿参与行业技能人才的培养，为企业参与校企合作奠定了良好基础。

2. 行业协会作为企业在教育方面的管理者

冲突——由于中国行业协会自身发展相对不成熟，存在经费不足、管理松散等问题，在行业内部缺乏较强的影响力和号召力。如果让行业协会作为企业的管理者引导职业教育发展，在目前是不现实的。行业协会只能在有限的条件下通过各种形式参与职业教育，而不可能对职业教育有领导权和话语权。

吻合——行业协会在链接资源和组织方面有独特的优势，一些与企业链接比较深的行业协会，可牵头组织行业人才标准的制定、教材和设备的研发、大赛及大会的组织等项目。

张力——随着社会主义市场经济的推进和改革开放的深入，行业协会在行业中发挥的作用越来越大，参与职业教育的优势逐步显现。国家也出台了一些政策法规明确支持行业协会参与产教融合，以改变职业教育与现实相脱节的问题。

3. 一套完备的政策法规体系

冲突——制定这套法规体系要站在教育和产业两个维度之上，统筹教育和产业部门，要有自上而下贯通的体制保障，目前中国不具备"双元制"运行保障的体制机制。长期以来，职业教育领域与产业领域长期分割，部门之间业务交叉但融通机制有限。相对于德国"双元制"，中国在企业这条线上的管理和落实单位缺失，使企业方参与职业教育的政策无法落地。

吻合——中国有建立"双元制"的制度雏形。国务院教育行政部门是职业教育最高统筹部门，可以从国家角度统筹协调各个部门。教育部门和人社部门都承担一部分管理职业教育的功能以及人社部门就业和技能人才管理功能，国家发改委也承担着教育和公共培训的重大项目审批工作。

张力——为加强各级政府在职业教育发展中的统筹协调作用，2018年国务院同意建立由国务院牵头负责的国务院职业教育工作部际联席会议制度，意在从中央层面为产教融合提供组织保障。

4. 建立跨企业培训中心

冲突——由于技术工人的流失率较高，中小企业一般更愿意招收有一定工作经验的员工，出钱委托跨企业培训中心来培训和储备人才的意愿不高。中小企业各个岗位的员工数量较少，个性化也较高，无法在大规模的培训中获得企业需要的专业技能。

吻合——从整个行业角度来看，在校期间能够在培训中心进行训练，有助于提高毕业生的整体素质，降低企业对新员工的培训成本，同时也让学生提前对职业和企业有更准确的认知。目前有些行业面临着技能人才极度短缺的问题，给出的工资较有吸引力，组织培养和配置这些行业的技能人才将有利可图。

张力——当前在国家的支持下，各地建设了较多的公共实训基地。公共实训基地的功能定位是向城乡各类劳动者以及行业企业、社会团体、产业园区、职业学校（含技能培训学校）、职业培训机构等提供技能实训、技能竞赛、职业技能培训考核评价、创业培训、就业招聘、师资培训、课程研发等服务，可以作为跨企业培训中心的场地，无须再投资另建。

六 德国"双元制"在中国的可塑性（步骤六）

当前中国具备职业教育改革的动力和产业发展的现实要求，在充分考虑德国手段和中国土壤的吻合、冲突和张力的基础上，本章尝试从以下四个方面来讨论德国"双元制"手段在中国的可塑性。

1. 将"企业主导学校参与"塑造为"学校主导企业参与"

虽然现阶段企业技能人才需求逐步增大，一些大企业有意愿参与产教融合，但是中国经济还处于高质量发展阶段的初期，还未形成市场力量来促使企业参与到职业教育中来。近年来，中国的职业教育体系发展迅速，且政策上鼓励学校进行产教融合，学校方面的动力较足，因此，目前将"双元制"调整为学校主导和企业参与，意味着在中国实行产教融合，学校方要承担主要的成本支出。

2. 将"行业协会作为企业参与职业教育的管理方"改为"各地方人社部门作为企业参与职业教育的管理部门"

目前行业协会由于自身发展和法律地位的影响，企业不适合作为职业教育的管理方，需要依托政府部门来管理。从目前来看，人社部门多年来一直发挥人才的引进、培育和就业等职能，与地方企业的关系和互动较为密切，比较适合承担这个角色，相关行业协会和组织可在人社部门指导下开展相关服务工作。

3. 制定完备的政策法规体系

无论是德国还是中国，完备的政策法规体系是顺利实施

"双元制"的前提条件，要根据中国情况逐步制定和完善相关的法律法规和政策体系。

4. 跨企业培训中心的职能由公共实训基地承担

由相关行业协会或组织在政府部门指导下，利用已建成的公共实训基地来建设跨企业培训中心。

第五节 结论与政策建议

一 由学校主导产教融合，引导企业积极参与

在学校主导模式下，企业作为合作伙伴和实践基地的角色，参与到学校招生人才培养和实习就业的过程中，提供实训教学、实习机会和就业等支持。学校作为培养主体，将支付大部分资金用于产教融合，企业可提供一部分资金用于人才储备。学生进入学校之后，可在学校的推荐之下与企业签订三方合作培养协议，由企业主导完成实训和实习课程。在实施步骤上，学校可从中国发展较好的战略性新兴产业最紧缺的人才入手与经济效益较好的如智能制造、新能源、低空经济等产业及龙头企业合作培养。

二 建立"三层级、两主线"的治理体系，完善各类法律法规

建立起"三层级、两主线"的治理体系，国务院为第一层级，负责全国职业教育工作的统筹规划、综合协调、宏观管理，制定法律法规，明确各部门及学校、企业在产教融合中的职责，捋顺产教融合的补贴体系，将各个部委的权责利划分好。完善国务院职业教育工作部际联席会议制度，不断沟通反馈，完善各项制度。

第二层级为国家发改委、教育部和人社部及其地方部门。国家发改委负责职业教育相关的公共平台建设项目，教育部和

人社部分别制定关于职业院校（包括应用型本科）和企业参与职业教育的法规政策。具体来说，教育部作为产教融合的牵头推进单位，要通过一定的制度安排和资金鼓励来引导企业参与到学校的产教融合中。人社部要从技能人才评价标准、考核体系、师资培养和企业参与学校教育规范和监督等方面进行引导和管理，保证学生培养质量。由人社部牵头，联合企业、行业协会等共同编制指导企业参与教学的"职业教育条例"，使企业教学体系更符合岗位需求，同时也适合教学。人社部指定有行业号召力的协会或团体来组织行业企业、人力资源企业及第三方培训机构参与到产教融合中，利用市场机制将人才培养的成本通过为企业提供人力资源服务进行回收。

第三层级为职业院校和企业，负责具体的学生培养，并接受上级政府部门的考核。学校的理论教学要与企业的实训课程相衔接。企业应积极与政府部门指导下的第三方机构展开务实合作，提供必要的行业师资和设备。

三 产业方的教学课程与公共实训基地合作

在实施实训课教学中，可与周边的公共实训基地进行合作，共同完成企业承担的教育教学部分。一方面，可以减少学校实训设备的重复投资；另一方面，可以充分利用公共实训基地的资源，提高使用效率和收益率。

第七章 产教融合中校企合作面临的问题与推进思路

第一节 企业参与产教融合过程的演变

2014年，习近平总书记首次提出加快职业教育发展，强调坚持产教融合的重要性。党的十九大报告指出，深化产教融合重大改革任务。党的二十大报告进一步强调："推进职普融通、产教融合、科教融汇"[①]。产教融合的初衷是让实际用人企业深度参与学校的人才培养，旨在解决学生培养"重理论、轻实践"问题，达到从人才培养到使用的无缝衔接。然而在实践过程中，企业参与意愿从积极主动到消极退出，甚至有些企业看准学校考核需求，变相牟利。

在政策刚提出时，部分具有前瞻性和社会责任感的企业将其视为提升企业形象、降低用人成本和获取人才储备的契机，积极与学校建立合作关系，投入大量的资金和精力与学校共同培养人才，形成了"订单式"等培养模式。随着校企合作的深入，合作机制不顺、投入成本高、毕业生流失率高等问题开始显现。企业评估发现，产教融合项目的投入产出比不理想，热

[①] 习近平：《高举中国特色社会主义伟大旗帜 为全面建设社会主义现代化国家而团结奋斗——在中国共产党第二十次全国代表大会上的报告》，人民出版社2022年版，第34页。

情逐渐减退，仅维持最低限度的合作，甚至完全退出。与此同时，部分企业在国家各类产教融合支持政策出台和对学校产教融合完成指标考核的背景下，找到为学校提供产教融合服务的商机，通过共建产业学院等形式为学校提供软硬件建设及专业建设等服务，满足院校的考核需求。但是这类合作往往由于与企业真正用人岗位脱节，在实际人才培养方面投入严重不足，不能真正达到培养学生能力的目的，反而造成了实训设备闲置浪费的问题。

第二节 产教融合现有政策体系梳理

产教融合这一概念产生于政策文件中，这一过程在政策完善中得到发展，因此，研究"校热企冷"问题产生的原因必须了解现有政策体系的内容。2013年党的十八届三中全会通过的《中共中央关于全面深化改革若干重大问题的决定》提出："加快现代职业教育体系建设，深化产教融合、校企合作，培养高素质劳动者和技能型人才。"这是党的正式文件中首次写入产教融合的内容。2017年国家出台了《国务院办公厅关于深化产教融合的若干意见》，提出了产教融合制度的总体设计方案。此后，国家相应出台了一系列落实性文件，包括《现代产业学院建设指南（试行）》《建设产教融合型企业实施办法（试行）》《职业教育产教融合赋能提升行动实施方案（2023—2025年）》等。可以说，产教融合的制度框架基本形成。政策文件对产教融合具体做什么给出了规定，即提出了一个政策"工具箱"，这相当于给出了产教融合政策的外延。虽然从外延并不能直接归纳出产教融合的内涵，但对政策文件的梳理可以作为理解产教融合内涵的一种参考。产教融合政策主要包括以下几个方面。

一是财政税收支持政策。通过"十四五"时期教育强国推进工程，中央预算内投资将支持一批产教融合实训基地建设，提升职业院校产教融合实训水平,给予高等职业院校和应用型本科院校每所支持额度不超过8000万元,给予中等职业院校每所支持额度不超过3000万元。此外,符合条件的职业教育产教融合项目还将纳入地方政府专项债券支持范围。在税收优惠方面,产教融合型企业兴办职业教育的投资符合规定的,可按投资额30%的比重抵免当年应缴教育费附加和地方教育附加,减轻企业的财务负担。

二是金融支持政策。国家发改委将加大向金融机构推荐职业教育产教融合中长期贷款项目的力度,鼓励银行机构按照"风险可控、商业可持续性"原则支持产教融合项目和产教融合型企业发展。同时,引导保险机构开发产教融合相关保险产品,支持符合条件的产教融合型企业上市融资,符合条件的企业还可以发行社会领域产业专项债券,重点用于实训基地建设。加大产教融合型企业信用信息归集力度,开展行业信用评价。对评价结果好的企业,在例行检查、专项抽查中减少检查频次,在上市融资、政府资金支持、产业扶持政策、评优表彰、政务事项办理等方面予以优先或便利,并通过"信用中国"网站集中公示宣传。

三是土地优惠政策。企业投资或与政府合作建设职业院校、高等学校的建设用地,按教育用地管理,符合《划拨用地目录》的,可通过划拨方式供地,鼓励企业自愿以出让、租赁方式取得土地。探索采取长期租赁、租让结合、弹性年期出让方式供地,提供灵活的土地使用方式。

四是专业设置与课程改革。鼓励引导职业院校优先发展先进制造、新能源、新材料、生物技术、人工智能等产业需要的一批新兴专业,加快建设护理、康养、托育、家政等一批人才紧缺的专业,改造升级传统专业,撤并淘汰供给过剩、就业率低、职业岗位消失的专业。引导企业深度参与职业院校专业规划、教材开发、教学设计、课程设置、实习实训,实行校企联合招生、开展委托培养、订单培养和学徒制培养，促进企业需求融入人才培养各环节。

通过以上对产教融合政策的梳理可知，现有政策潜在的导向是以支持职业院校为主、支持产教融合企业为辅。然而，产教融合的最终目的是培养适应和引领现代产业发展的高素质应用型、复合型、创新型人才。企业是用人主体，它们的需要应成为产教融合的总牵引，必须将人才培养与市场需要紧密衔接。但由于企业在参与产教融合的过程中面临信息不对称、公共物品投入等"市场失灵"问题，因此，产教融合政策重点要放在弥补企业参与成本、使其获得合理收益上。

第三节 产教融合中"校热企冷"的原因

产教融合中"校热企冷"的直接原因是企业成本与收益不匹配，其根本原因则应进一步从市场和政策两个角度来分析。

一 从市场角度看，校企合作市场化机制不足

产教融合的"教"方多为职业院校，以事业单位为主，其行为逻辑是非市场化的，不以营利为目的，收入的主要来源是完成教育部门或人社部门指标而获得的财政资金。而企业行为的逻辑是追求利润最大化，即企业能够通过校企合作储备高质量后备员工，降低招聘及用人成本。但是通过理论分析和实践证明，传统校企合作模式无法为企业带来成本的降低。传统校企合作一般是单个企业与单个学校之间的合作，但是单个企业人才需求和单个学校人才供给之间存在"三大错配"。

一是时间错配，一个成熟的企业培养技能人才的周期一般为2年以上。在目前的校企合作中，学生还需要完成大量学校的课程，在企业工作时间短，且不能保证连续性，因此，企业培养学生付出的成本只能依靠学生毕业后在企业工作来收回；

二是规模错配,学校人才培养的标准化和规模化与单个企业人才需求的个性化和分散化无法匹配,学校开设一个专业就要大量招学生,至少也要一个班,而大部分企业没有能力承担大量学生的基础能力培养,同时也没有大规模的岗位来支撑学生实习和就业;三是条件错配,学生对就业地点、行业属性及收入要求与企业所能提供的条件无法匹配,导致刚毕业的学生的流动性大,企业培养的学生留不住是普遍现象。由此可以看到,企业与学校的市场化合作无法解决企业人才培养成本回收问题,通过校企合作获得人才的成本比通过市场招聘成本更高,因此,市场化校企合作日渐式微。

二 从政策角度看,产教融合政策力度和精准性不够

要让企业参与教育阶段,需要从政府政策端来弥补企业付出的培养成本。近年来,政府为鼓励和支持产教融合的实施,采取了包括财政补贴和投资、税收减免、土地使用优惠等一系列政策措施,支持对象包括学校和企业,但总体来看,政策精准性不够,各类措施不能协同发力,不足以促成校企深度合作。

1. 学校经费总体不足,产教融合质量不高

当前产教融合费用主要是在教育口,但是职业院校经费不足问题长期存在。相比于国外职业院校经费筹集的多元化,中国院校则主要依赖政府拨款和学费,很多地区职业院校生均经费难以足额拨付,更没有余力支付企业参与教学服务费用。政府提供财政补贴支持产教融合项目覆盖面有限,如对校企合作项目、实训基地建设等,能达到高标准示范性职业院校的占比不高。

在一些经费较为充足的职业院校,出现了产教融合形式大于内容的现象。由于教育部门对职业院校产教融合的评价体系尚未完善,既缺乏有效的评价指标来衡量产教融合的效果,又缺乏第三方评价参与,特别是来自行业企业、用人单位等的评

价几乎没有。目前各地产教融合评价更多的是过程考核，而对结果考核不够，导致职业院校为了完成上级的显性指标，将资金主要用于硬件和教育资源等建设，"谋项目不谋运营"问题突出，未将资金真正用于学生技能的提升。

2. 企业端激励措施不足，政策保障力度不够

企业参与产教融合过程中的税收优惠、财政补贴、金融支持等方面的激励措施不足，权益保障、市场准入等方面的政策保障力度不够，未能充分激发企业参与产教融合的积极性。一是企业作为重要的参与主体，其知识产权、投资回报、市场准入等方面的权益没有得到更加明确的法律保护和政策支持。例如，对于实践教学外包曾经出现的不规范问题，有关部门不是通过完善制度堵住漏洞，而是"一禁了之"，这就把一些做技术服务的专业化人力资源公司挡在门外，而"卖人头"问题依然变相存在；二是企业面临政策落地难、激励措施不够具体等问题，严重影响了企业参与产教融合的主动性和创造性。虽然国家已经出台了一系列政策来推动产教融合，如2023年国家发改委推出的《职业教育产教融合赋能提升行动实施方案（2023—2025年）》试图通过"金融+财政+土地+信用"的支持政策来增强企业的参与意愿，但在实际操作中仍缺乏进一步细化的措施。

3. 跨部门协调不够

目前产教融合政策实施的一个突出问题是"政出多门"，各相关部门之间信息流通不畅、业务协调复杂，不同政府部门有不同的政策目标和优先级，导致产教融合政策手段分散，重复投入、资金低效率使用的问题频出。比如，教育部、国家发改委和人社部均有各自的实训基地项目，但是由于缺乏有效的协调机制，导致资源重复投入或关键领域得不到足够的支持，实训设备闲置现象严重。虽然2018年国务院职业教育工作部际联席会议制度建立，但其功能与产教融合发展需要不匹配，应对国务院职业教育工作部际联席会议制度的功能、目标、任务进行优化提升，充分发挥其作用。

第四节 深化产教融合的建议

一是在把握产教融合本质内涵的基础上，明确产教融合政策的基本导向。产教融合政策的制定必须建立在把握其本质内涵的基础上。从形式上看，产教融合是学校和企业业务的融合过程，但本质上是学校理论知识和企业生产知识融合后，再将其传授给学生的过程。由于学校和企业功能和性质的不同，理论知识和生产知识的融合必然存在壁垒。知识依附于资产上，要么体现为机器设备等有形资产，要么体现为技术流程、知识产权等无形资产，因而产教融合归根到底是要解决不同资产有机融合和有效利用的问题。理论和实践都表明，资产的有效利用问题必须通过市场化来解决，因此，各级政府应将市场化作为产教融合政策调整的基本导向。

二是提升企业侧政策的力度和精准性。要弥补企业参与教育的成本，最直接的方法是通过制度和政策来让企业收到合理回报。一方面，推动现有政策落地，出台实施细则。各地方政府根据自身产业和教育情况，因地制宜尽快制定激励措施细则。建立科学合理的评价体系，对参与产教融合的单位和个人给予真金白银的激励。另一方面，鼓励各类专业性企业运营学校资产，并获得合理收益。产教融合涉及市场主体和公共部门的跨界融合，这必然要突破现有体制机制壁垒问题，尤其是在产权制度设计上要有创新举措。支持学校和企业共建实训基地或产业学院，探索实训基地所有权和经营权分开，允许学校获得合理收益。此外，要本着以人为本的理念，增强产教融合政策的普惠性，尽量避免因地方财政收入差异而引起的两极分化问题，让更多学生受益。

三是优化产教融合协调机制和顶层设计。应强化国家发改委、人社部、教育部等相关部门的政策协同，制定统一的政策框架，明确各部门职责范围和合作机制。2017年出台了《国务院办公厅关于深化产教融合的若干意见》，但面对快速变化的形势，该文件的内容还有待深化。要出台更加权威的上位文件深化改革创新和强化政策协同，为产教融合提供政策指引和支持，例如在产业学院产权制度、实训基地市场化运营、企业税收优惠等方面。同时，应建立跨部门协调机制，定期召开会议讨论产教融合进展及存在的问题。

四是优化产教融合评价考核体系，减少过程控制，强化结果引导。建立一套科学、合理、可操作的评价指标体系，对职业院校产教融合的质量进行全面、客观、准确的评价。产教融合效果好不好根本是要看学生能否实现高质量就业，因此，要加大对高质量就业的考核指标权重，通过结果引导，提高学校与企业合作深度。

Ⅲ 实践探索篇

第八章　技能人才培养中公共实训基地的发展路径探索

当前，中国正处于经济结构调整和产业升级的关键时期，新兴产业蓬勃发展，传统行业加速转型，对高素质技能人才的需求持续增长。然而，劳动力市场供需匹配矛盾突出，技能人才供给不足、新技术领域人才短缺等问题日益明显。劳动力市场不匹配问题是企业、学校和劳动者等多方相互作用的结果，需要政府引导、各方参与形成系统化的解决方案加以应对。公共实训基地是一种政府主导、汇聚教育和培训资源的人力资源配置平台，随着公共实训基地建设数量的增加和布局范围的扩大，其在提升劳动者技能水平、促进就业创业中发挥了日益重要的作用。本章旨在对公共实训基地的功能定位、存在问题和运营模式等进行分析考察，并提出促进其高质量发展的路径和建议。

第一节　技能人才培养中公共实训基地的功能定位

一　公共实训基地内涵定位

为适应现阶段和未来一段时期的产业发展需要，推动技能人才培养体系的完善日益重要。公共实训基地是政府主导、多方参与、服务多元的技能训练和提升平台，是技能人才培养体系的关键环节，具有提升劳动者技能水平、优化职业培训资源配置、促进就业创业等多重功能。在构建终身职业技能培训体系和推动技能型社会建设的过程中，公共实训基地的作用尤为突出。

公共实训基地的功能特性体现在四个方面。

一是公共性。培训资源和服务面向各类劳动者广泛开放，提供多样化的服务项目，以满足不同群体的职业技能提升需求。

二是公益性。基地运营不以营利为目的，注重为农村转移就业劳动力、城镇失业和转岗职工、高校毕业生、退役军人、残疾人等重点就业群体提供必要的职业技能培训和就业服务，促进劳动者就业能力和职业技能的提升，实现社会公平和就业均等。

三是开放性。基地实行开放管理和服务模式，与企事业单位、教育机构、社会组织等开展合作，形成开放的资源共享网络，提升资源利用效率和服务质量。

四是综合性。基地提供多元化的服务，包括技能实训、技能竞赛、技能认定、创业培训、就业招聘、师资培训、课程研发等，满足不同群体的需求。

二 公共实训基地核心功能

公共实训基地不仅是技能人才培养的核心阵地，也是促进教育公平、优化人力资源配置的重要载体。在当前和未来一段时期，持续强化公共实训基地建设，对于应对产业升级需求、缓解就业压力、提升社会整体技能水平具有重要意义。

一是推动技能人才培养的基础平台。公共实训基地通过提供先进的设备设施和规范的教学环境，为技能人才的培养提供了不可或缺的硬件支撑。作为职业教育与技能培训的核心载体，它能够满足劳动者在技能学习、职业提升方面的多层次需求，尤其是在培养高端技能人才方面具有显著优势。

二是促进产教融合的重要桥梁。公共实训基地连接教育与产业需求，将理论教学与实践技能有机结合。通过与企业合作开发课程、引入真实生产任务、共享生产设备等形式，基地能够帮助学员掌握市场急需的技能，缩短劳动者与用人单位之间的适应期，增强就业竞争力。

三是实现技能培训资源的共享与普惠。公共实训基地具有公益性和开放性特点，可以服务于各类职业院校、培训机构以及社会化技能培训需求。这种资源整合与共享模式，不仅提升了培训资源的利用效率，还能更好地服务于城乡劳动者的技能提升需求，为实现技能培训的普惠性目标提供了可能。

四是助力解决就业结构性矛盾。在劳动力市场结构性矛盾加剧的背景下，公共实训基地能够快速响应产业转型升级的需求，灵活调整培训内容和重点，培养急需的技能型人才。这不仅有助于缓解"招工难、就业难"的双向困境，还能为劳动者拓展职业发展路径，提高劳动者的就业质量和创业能力。

五是支持经济社会高质量发展的重要抓手。公共实训基地通过培养高素质劳动者，直接支持制造业升级、现代服务业发展等重点产业的需求；同时，在提升劳动生产率、促进技术创新和产业竞争力方面发挥着不可替代的作用，成为推动经济高质量发展和实现共同富裕的重要支撑。

第二节　公共实训基地发展现状与存在问题

一　公共实训基地政策背景

自2016年以来，国家发改委等部门持续完善公共实训基地建设和职业技能培训的政策体系。2016年，发布《公共实训基地建设专项管理办法（暂行）》，设立专项资金支持公共实训基地建设，提升地方职业技能培训基础能力。2017年，制定《公共实训基地建设中央预算内投资专项管理办法》，贯彻落实《中国制造2025》和《"十三五"促进就业规划》，加快职业技能实训体系建设。2018年和2020年，先后出台《关于提升公共职业技能培训基础能力的指导意见》和《关于推动公共实训基地共建共享的指导意见》，提出"规划统筹、部门合作、多渠道资源建设、高效共享利用"的原则，优化公共实训基地的规划布局、统筹建设和持续运营。2021年4月，印发《教育强国推进工程（公共实训基地建设方向）中央预算内投资专项管理办法》，进一步明确公共实训基地的定位功能、建设内容、资金安排和项目要求。2021年12月，人社部等四部门联合印发《"十四五"职业技能培训规划》，提出健全终身职业技能培训制度，深入实施职业技能提升行动，强化重点群体就业技能培训，提升职业技能培训供给能力和质量，加强职业技能培训标准化建设，完善技能人才职业发展通道等重点任务。2024年3月，国家发改委等四部门联合发布《关于共享公共实训基地开展民营企业员工职业技能提升行动的通知》，提出共享场地设备、建强师傅队伍、开发优质课程、扩大岗前培训、加强在岗培训等九项措施，提升公共实训基地的共享开放水平，促进民营企业员工职业技能提升。2024年8月，国家发改委修订印发《教育强国基础设施建设工程（公共实训基地方向）中央预算内投资专项管理办法》，提出进一步优化资金使用效益，加强项目监管，提升职业技能培训基础能力。国家一系列政策的出台和实施，构建了从建设、管理到共享发展的职业技能培训支持体系，为技能人才队伍建设和经济高质量发展提供了有力支撑。

二 公共实训基地布局状况

自2016年以来，中央预算内投资专项额度由最初的每年5亿多元增加至2023年的20亿元，累计支持地方建设414个公共实训基地，覆盖29个省份，累计培训超460万人次（见图8-1）。

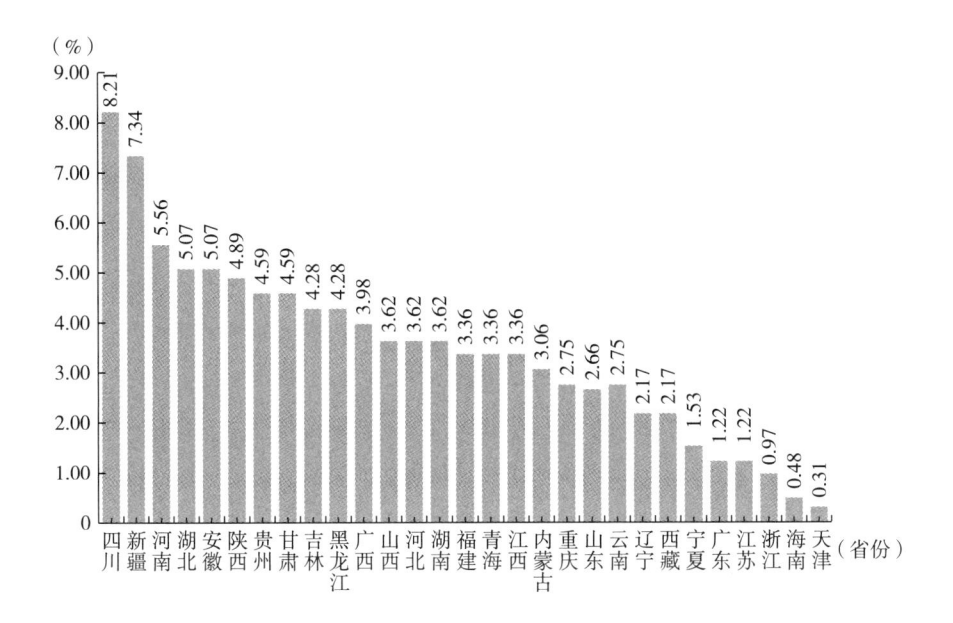

图 8-1 29个省份公共实训基地数量占比

省份	占比(%)
四川	8.21
新疆	7.34
河南	5.56
湖北	5.07
安徽	5.07
陕西	4.89
贵州	4.59
甘肃	4.59
吉林	4.28
黑龙江	4.28
广西	3.98
山西	3.62
河北	3.62
湖南	3.62
福建	3.36
青海	3.36
江西	3.36
内蒙古	3.06
重庆	2.75
山东	2.66
云南	2.75
辽宁	2.17
西藏	2.17
宁夏	1.53
广东	1.22
江苏	1.22
浙江	0.97
海南	0.48
天津	0.31

从地域分布视角来看，公共实训基地在川渝地区、中部地区以及东北部地区分布较为广泛；而在海南地区、西南沿海地区与东南沿海地区分布较少。地域分布的现状也体现了各地针对公共实训基地建设的支持方式与具体支持标准的不同。

目前中央按照省级、市级和县级三个级别，统筹推进公共实训基地项目建设。省级公共实训基地立足推进区域重大战略、区域协调发展战略任务落实，积极支持战略规划或实施方案明确的重大项目，有效辐射周边区域，促进区域经济发展，服务中高端产业发展需求。市级公共实训基地建设在劳动力输入规模较大、产业集中度较高的地级市，服务于当地产业结构和劳动力市场需求。县级公共实训基地侧重于在主导产业突出、基础条件较好的县（市、区）中建立，专注于服务当地产业发展，提供技能人才培训和就业服务。目前县级公共实训基地数量最多，占比达65%；市级公共实训基地数量居中，占比为30%；省级公共实训基地数量最少，占比为5%（见图8-2）。

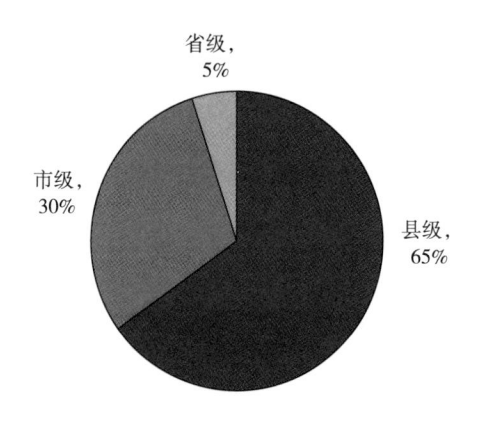

图 8-2 不同级别公共实训基地数量占比

三 公共实训基地发展问题

1. 功能定位与规划问题

尽管公共实训基地的建设初衷是服务于地方经济和劳动市场需求，但在实际操作中，部分基地在功能定位和规划上存在以下几个问题。一是区域功能脱节，一些基地未能充分结合地方产业布局和经济发展特点，导致培训内容与实际市场需求不匹配。例如，某些地区的基地大量开设传统行业的技能培训，而忽视了高新技术领域的技能需求。二是资源重复配置，由于规划时缺乏有效的区域统筹，一些地区出现多家基地在相邻区域提供相似服务的情况，导致资源浪费和竞争性削弱。三是战略性不足，部分基地缺乏长期发展的战略规划，建设目标仅局限于短期经济指标的完成，而忽视了培训模式创新和产业契合度提升的要求。

2. 管理与运营问题

公共实训基地在运营管理上也存在问题，这些问题集中体现在以下几个方面。一是管理制度不完善，缺乏统一的管理规范和标准化流程，导致基地之间的运营水平差异较大。二是一些基地尚未建立完备的制度文件，如入驻单位管理办法、资源共享机制等，影响了日常运营效率。三是缺乏专业化团队，多数基地的管理团队主要由地方政府或下属事业单位人员兼任，缺乏专门从事职业技能培训运营的专业人才，限制了管理效能的提升。四是服务能力不足，部分基地受制于设备陈旧、培训项目单一等问题，难以满足企业和学员的多样化需求。

3. 资金与可持续发展问题

公共实训基地的资金来源主要依赖政府财政拨款，长期来看，这种单一的资金模式难以支持基地的可持续发展。一是经费不足，许多基地的运营经费只能满足基本的运行和维护需求，无法支持设备更新和新培训项目的开发。二是收费标准模糊，部分基地在收费项目上缺乏明确标准，导致社会公众对基地服务的接受度较低，也限制了基地通过市场化手段提高收入的可能性。

4. 信息化与资源共享问题

信息化建设是提升公共实训基地服务水平的重要手段，但当前仍存在明显不足。一是信息化水平较低，多数基地尚未建立完善的数字化管理平台，导致培训项目的组织和学员管理效率低下。二是资源共享机制缺失，缺乏全国范围的协同平台，不同地区基地之间的信息流通和经验交流严重不足。三是公共展示功能薄弱，部分基地的信息展示与宣传工作滞后，导致基地资源的社会知晓度和利用率偏低。

5. 基地间协作与区域发展问题

在促进区域产业发展的目标下，基地间的协作和统筹显得尤为重要，但实际情况不尽如人意。一是缺乏联动机制，各基地在培训项目设置、课程开发等方面多是各自为政，未能形成有效的协同效应。二是区域差异明显，经济发达地区的基地由于资源丰富，服务能力较强，而中西部地区的基地因基础条件薄弱，难以提供高质量的培训服务，区域发展不均衡的问题尤为突出。三是经验共享不足，基地的成功运营模式和管理经验难以在全国范围内推广，影响了整体公共实训体系的提质升级。

第三节　各地公共实训基地建设运营模式

一　广州市公共实训基地：多元协同、产教融合、开放创新

广州市高技能人才公共实训基地是经广州市政府批准、由市人力资源社会保障局牵头建设的技能人才培养和开发平台。基地以"国内一流、国际先进"为目标，服务于粤港澳大湾区经济高质量发展，面向全国输出人才培养模式。经过多年的发展，基地形成了"一中心、三区、七点"的布局，包括"一个中心基地"（核心平台）和"南沙、番禺、开发区分基地"以及"七所技师学院分基地"。基地的建设与运营充分响应了国家和广东关于技能人才培养的政策要求，旨在通过技能人才培养服务区域经济发展和社会民生需求。广州市作为粤港澳大湾区的核心城市，经济发展对技能人才需求旺盛，尤其是在高端装备制造、智能家电、新能源汽车等战略性新兴产业中，技能人才短缺问题尤为突出。广州市在产教融合和校企合作方面具有深厚的实践经验。基地依托区域龙头企业和高等职业院校，将产业需求、职业教育、技能培训三者有机结合，推动教育链、产业链与人才链、创新链的深度融合。

广州市高技能人才公共实训基地的实践表明，高质量的运营模式能显著提升技能人才培养水平，为全国公共实训基地的发展提供了重要的参考样板。广州市公共实训基地运营模式及发展经验包括以下几个方面。一是建设高效协同的运营体系，广州市"一中心、三区、七点"的模式，构建了以核心基地为龙头、分基地为支撑的实训网络体系，推动了区域技能培训资源的统筹利用。二是突出区域特色，服务产业发展，公共实训基地建设立足地方产业需求，强化与重点产业、龙头企业的合作，定制化开发培训课程，增强服务产业能力。三是强化产教融合与校企合作，通过政策激励、机制创新，吸引企业深度参

与培训项目，探索多方共建、共管、共享的运营模式。四是加强国际合作与开放共享，基地积极参与世界技能大赛、国家级和省级技能竞赛，提升了广州市技能人才的国际竞争力。引入国际先进的职业教育理念和培训方法，与共建"一带一路"国家建立技能人才合作机制，提升中国技能培训模式的国际影响力。五是优化资源配置与信息化管理，推动基地信息化建设，构建覆盖实训报名、评价、反馈的全流程数字管理平台，提高培训效率和资源利用率。

二 绵阳市公共实训基地：基地联动、资源协同、精准对接

绵阳市公共实训基地建设项目于2017年7月立项，建设单位为绵阳市人力资源和社会保障局。基地总投资3980万元，占地11亩，建筑面积近8000平方米，依托四川九洲技师学院运营，2021年3月正式投入试运行，是四川省首个市级公共实训基地。绵阳市公共实训基地目前配备实训设施设备593台（套），涉及数控机加工、电子信息、自动化控制、计算机辅助设计等专业，可承担12个以上职业（工种）近800人同时使用。

基地建成后组建了公益二类正科级事业单位，负责基地的运营，以绵阳市公共实训基地为中心，分行业、分区域逐步建设分基地，形成"一核多翼"的发展格局，通过"主基地+分基地"联动模式，构建了市县联通、行业贯通、校企融通的实训平台体系。在服务绵阳市技能人才队伍建设的同时，辐射周边地区，带动区域技能人才素质的整体提升。

绵阳市公共实训基地以"多基地联动"和"校企协作"为特色，形成了"一核多翼"的实训平台体系，主基地专注于高端技能培训，如工业自动化，分基地则针对基础岗位技能进行培训，资源优化配置。同时，绵阳市公共实训基地联合园区企业共同开发课程，实现培训内容与企业需求的精准对接。这种模式不仅满足了区域技能人才发展的多样化需求，还通过分层次、区域化联动,提高了资源利用率,推动了校企深度融合,值得其他地区实训基地借鉴。绵阳市公共实训基地的运营特点包括以下两个方面。一是多基地联动,资源整合。主基地负责高端技能培训,如工业自动化和智能制造,分基地提供基层技能培训,涵盖机械加工和电子装配等基础岗位。二是校企协作,共建共享。联合园区企业开发技能课程,推动培训内容与企业岗位精准对接。

三 重庆市公共实训基地:高端引领、精准服务、多元运营

中国(重庆)职业技能公共实训中心是由重庆市职业技能鉴定指导中心委托运营的重要公共技能培训基地,致力于推动高端技能人才的培养和区域经济高质量发展。该中心以"高端引领、示范带动、产教融合"为核心定位,服务民营经济和重点产业,构建了技能培训与就业服务的完整生态链条;同时,牵头搭建了全市"1+5+N"公共实训体系。其中,"1"是指以中国(重庆)职业技能公共实训中心为龙头基地,统筹全市技能培训资源;"5"是指以5个区县级公共实训基地为骨干,提供区域性技能服务;"N"是指以多个企业院校实训基地为补充,覆盖乡镇民营企业技能需求。通过这一网络体系,基地实现了技能培训资源在全市范围的均衡分布,服务能力覆盖城乡劳动者及各类企业。

中国(重庆)职业技能公共实训中心承担了技能培训、技能评价、就业服务、课程开发等多重任务,具体功能包括以下几个方面。一是技能培训。提供智能制造、信息通信、汽车技术等领域的高端技能培训,针对紧缺职业和新兴职业开发课程资源。二是技能评价。开展技能等级认定、企业岗位设置评价,并通过技能大赛选拔优秀技能人才。三是就业服务。通过专场招聘会、岗位对接服务和精准就业支持,为重点群体和困难群体提供就业帮助。四是产教融合。联合院校、企业共同开发培

训项目，推动产业需求与职业教育的深度融合。

中国（重庆）职业技能公共实训中心探索出一系列创新组训模式和服务方式。一是"3+"组训模式。通过"岗位+培训+就业""用工企业+培训机构+人力资源服务机构""紧缺工种目录+培训机构目录+补贴目录"三种组合，打通招生、培训、就业链条，形成培训与用工的高效对接。二是"三单"服务模式。一是订单式，依托信息平台精准掌握就业需求，按企业要求定制培训计划。二是菜单式，开发标准化课程，学员根据需求自由选择培训内容。三是工单式，将企业岗位需求融入培训环节，确保学员培训后实现精准就业。

中国（重庆）职业技能公共实训中心通过"公共+市场"的创新运营模式，实现公益性与可持续发展的平衡，承担政府补贴性培训和职业技能等级认定任务，为劳动者提供政策性支持。与民营企业开展深度合作，推动技能培训和评价标准开发，拓展收入来源。该中心特别注重困难群体和重点就业群体的技能培训与服务，为残疾人、退役军人等群体举办专场招聘会，推行灵活学时和定制化课程设计，缓解企业和学员的工学矛盾。具体来说，其鲜明特点包括以下几个方面。一是"公共+市场"运营模式。以政府政策性补贴培训和职业技能等级认定为基础收入来源，同时与企业合作，通过共建共享实现市场化运作，确保可持续发展。二是创新"3+"组训模式。通过"岗位+培训+就业""用工企业+培训机构+人力资源服务机构"等机制，打通招生、培训、就业全链条，实现资源精准配置和高效流转。三是精准匹配培训与就业。实施"订单式"培训组织、"菜单式"课程开发和"工单式"就业服务，通过岗位驱动和需求导向，保障培训内容与就业市场的无缝衔接。四是共建共享生态系统。引入企业参与培训课程设计、标准开发和技能认定，推动政府、企业、基地和劳动者形成联动机制，共同提升培训效能。五是政策支持与人才补贴。财政支持政策覆盖广泛，针对民营经济提供专项技能培训补贴,同时利用智慧就业平台实现"免申即享"的便捷服务。

目前,该中心的实训设施涵盖智能制造、现代服务业等4大领域,建有79个实训室、1500个实训工位,配备1500台(套)高端设备。师资力量汇集中华技能大奖获得者、全国技术能手等专家,打造了一支500多人的高水平师资队伍。累计开发培训标准课程154门,开展技能大赛20多场,为民营企业培养2000余名技能人才。

中国(重庆)职业技能公共实训中心的实践表明,公共实训基地可以通过以下几种途径实现高效运营。一是平衡公益与市场需求,在保障公益性的同时,发展市场化收入模式,提升运营的可持续性。二是构建全链条服务,从培训到就业的完整生态体系能够显著提高资源利用率和培训质量。三是推动多方协作,整合政府、企业、院校和社会组织的资源,形成协同效应。四是强化精准服务,根据产业需求和群体特点开发定制化课程,提升培训与就业的匹配度。

四 广西公共实训基地:政府统筹、校企协同、市场化运作

广西职业技能公共实训基地位于南宁市教育园区中心,占地20公顷,总投资约10亿元,周边拥有8所本专科院校和5所中职院校,为基地提供了充足的教师和实训资源支持。一期工程建筑面积7.8万平方米,具备年培训40万人次的能力,是集职业技能培训、技能鉴定、竞赛交流、职业体验、创业孵化等功能于一体的综合性公共服务平台。基地秉持"公共性、开放性、先进性、示范性"的核心定位,围绕"立足南宁,服务广西,辐射西南,面向东盟"的发展目标,致力于服务区域产业升级、经济发展和职业技能人才培养。其功能定位包括为企业、院校及社会群体提供多样化的技能培训和职业服务;推动实训基地与产业发展深

度融合，成为面向东盟的技能人才交流展示平台。

广西职业技能公共实训基地采用"政府统筹、校企协同、市场化运作"的混合管理模式为政府统筹。一是南宁市政府主导资产管理并委托南宁职业技术学院进行运营，形成管办分离的治理结构。二是校企协同，南宁职业技术学院牵头组建运营公司，负责日常管理，同时吸纳社会资本和企业参与实训项目开发与运营。三是市场化运作，通过公益服务和市场化服务相结合，维持其长期可持续发展。

广西职业技能公共实训基地的运营特点包括以下几个方面。一是公益与市场并重。基地在保障公益服务的基础上，通过市场化运营拓展收入来源，例如与企业合作提供有偿培训、鉴定服务及创业孵化支持。二是多元化收入结构。公益收入包括职业院校学生和符合补贴政策失业人员的免费培训与职业认证服务；市场收入包括面向社会提供技能培训、职业服务和技术咨询等付费服务以及吸引实训企业入驻并收取的场地费用。三是产教融合，基地充分利用南宁职业技术学院的教育资源，与周边院校及企业合作开发实训课程、共建实训项目，形成校企协同共建模式。四是多功能平台化，除职业技能培训外，基地还开展技能竞赛、创业孵化、职业体验等拓展活动，为社会多元化需求提供服务。

广西职业技能公共实训基地的实践为全国类似基地的建设与运营提供了以下几个方面值得参考的经验。一是管办分离治理，在政府指导下，管理部门和运营公司分工合作、各司其职，既实现了规范发展，又提升了运营效率。二是校企共建模式，借助职业院校的资源优势和企业的市场化能力，优化资源利用率。三是混合收入机制，公益服务保障社会效益，市场化运作增强基地造血能力，实现经济与社会效益的双赢。四是区域功能定位，根据地理位置和产业布局，面向东盟提供技能交流合作平台，扩大辐射范围和国际影响力。

第四节 促进公共实训基地高质量发展的路径和建议

一 重视顶层设计优化功能定位

第一，统一规划、合理布局。统一规划、合理布局，避免公共实训基地功能重复建设，实现最大限度的资源共享。建议部、省、市、县四级管理部门结合地方产业发展对技能人才的需求、各地方职业技能培训机构的供给情况以及各类职业教育机构对实训设备设施的需求情况，对公共实训基地建设统一规划布局。汇集各地实训基地的培训项目、设备清单和师资信息，实现信息共享与实时查询。避免各部门之间缺乏沟通与分工，导致公共实训基地功能无法充分发挥。

第二，聚焦产业、优化定位。公共实训基地应聚焦区域产业需求，精准优化技能培训内容。建立产培协同机制。紧贴区域经济特点和产业布局，开发符合当地需求的培训项目，鼓励基地与地方政府和企业共同制定"技能需求清单"，确保培训内容与岗位要求对接，实现精准供需匹配。

二 强化政策支持完善资源保障

第一，强化政策支持，纳入区域发展规划。将公共实训基地纳入地方经济和职业教育发展规划，确保政策、资金和资源的系统性支持。建议地方政府设立专项基金，支持公共实训基地的设备更新和师资培养。将基地建设与乡村振兴等战略相结合，争取多层级政策扶持。

第二，完善资源配置，提升服务能力。通过政府引导、市场参与的方式，优化基地资源配置，提高设备利用率和服务效能。建议实施"设备共建共享"计划，推动职业院校与基地共用高端设备。建立财政支持与社会资本合作模式，推动基地设施现代化改造。

三 深化东、西部地区协作促进资源共享

第一，立足区域特色，精准功能定位。公共实训基地应紧密结合西部地区的资源禀赋和产业需求，精准定位功能。通过开发新能源、现代制造、大数据、生态农业等重点产业技能培训课程，为区域经济发展提供精准的人才支持。利用东、西部地区协作平台，引入东部地区公共实训基地优质实训项目和管理经验，推动跨区域资源共享和协同发展。

第二，服务西部大开发战略，促进资源共享。东、西部地区协作是提升西部地区公共实训基地服务能力的重要路径。通过师资共享、技术支持和课程共创，提升西部地区基地的培训质量，推动东、西部地区技能人才流动提供支持，促进技能交流与协作，服务西部大开发战略。

四 创新运营模式增强持续发展

第一，探索多元化运营模式，增强造血能力。通过市场化运作与公益性服务相结合，实现基地的可持续发展。建议拓展技能评价、技术咨询和创业孵化等市场化服务领域，增加收入来源。依托区域经济需求，开展定制化培训服务，实现生产性实训与企业共享收益。

第二，推动产教融合，构建校企共建模式。深化公共实训基地与职业院校、企业的合作，形成产教融合新模式。建议与企业共建课程资源，将企业真实岗位需求融入教学设计。推动职业院校将基地资源纳入教学计划，共享设备和师资，降低资源浪费。

五 加强数字化建设与国际化发展

第一，加强数字化建设，提升管理效率。推动公共实训基

地的信息化升级，实现精准管理和智能服务。建议建设智能化管理平台，开发覆盖培训计划管理、学员信息跟踪和绩效评估的综合平台，提高管理效率。构建线上预约、课程学习和远程指导功能，满足不同群体的技能培训需求。通过大数据分析收集学员反馈和就业成效，为优化培训项目和资源配置提供依据。

第二，强化国际合作，提升基地竞争力。依托"一带一路"倡议，推动公共实训基地的国际化发展。建议建立与国际技能培训机构的合作机制，引入国际先进课程和师资。举办国际技能竞赛和交流活动，提升公共实训基地的国际影响力。

第九章　产教融合的系统推进方式研究
——合肥经开区人力资源"蓄水池"项目案例分析

党的二十大报告提出:"推动创新链产业链资金链人才链深度融合。"[①]"四链融合"是加快实施创新驱动发展战略,构建新发展格局的必然途径,其中,人才链与产业链的融合是重要一环。合肥经济技术开发区(以下简称合肥经开区)建设人力资源"蓄水池"的探索,促进了技能人才培养、储备和使用的良性循环,在打通人才链和产业链融合的断点、堵点过程中发挥了积极作用,对其进行案例解剖,不仅有助于更深刻地理解技能人才培养和匹配的市场规律,也能为其他地区的人力资源开发利用提供可借鉴的模式。

第一节　人力资源"蓄水池"项目诞生背景

人力资源"蓄水池"项目(以下简称"蓄水池"项目)诞生于合肥经开区。近年来,合肥经开区发展较快,招商引资力度比较大,目前聚集了合肥超过80%的制造业企业。随着合肥经开区制造业企业的集聚,普工及一线技术工人招聘难问题成

[①] 习近平:《高举中国特色社会主义伟大旗帜　为全面建设社会主义现代化国家而团结奋斗——在中国共产党第二十次全国代表大会上的报告》,人民出版社2022年版,第36页。

为制造业企业发展的重要制约因素。导致人才招聘难的原因有两个方面，一方面，制造业转型升级加快，技能人才缺口日趋加大，市场人才满足不了企业需求；另一方面，各类学校在技能人才培养上，往往因为缺乏与企业实际需求的紧密联系，导致培养出的学生的技能与企业岗位需求不匹配。这种脱节不仅影响学生的就业率，也限制了企业获取合格人才的渠道。因此，促进技能人才供需匹配、降低企业用工成本成为政府服务企业的重要内容。

2019年年初，通过前期对企业和职业院校多次走访调研论证，启动了合肥经开区"蓄水池"项目。该项目以经济开发区政府招投标立项的形式开展，由中标方安徽爱沃客信息科技有限公司（以下简称爱沃客公司）运营，该项目的基本内容是通过"外引水"技能人才培养和"内调剂"共享用工双通道建设人力资源"蓄水池"。在政府的引导下，"入池"企业提供缺工需求，包括普工需求、技能岗位需求、人才培养规划等，形成岗位需求数据库；通过整合学校资源，共建精工班、精工学院（产业学院）模式，按照企业岗位要求培养符合岗位需要的技能人才，并将这些人才的信息汇聚储备成库。通过企业间用工余缺调剂，稳定劳动者就业岗位，促进人力资源合理调配。

第二节 人力资源"蓄水池"项目的经验做法

一 总体设计

"蓄水池"项目的总体建设思路是利用"2432"人力资源"蓄水池"工程，创新推进人力资源精准服务发展。"2"是指通过"外引水"技能人才培养与"内调剂"共享用工双通道建设人力资源"蓄水池"，增强"蓄水"功能；"4"是指政、企、校、服四位一体统筹推进产教融合发展，充分发挥各方资源优势，解决传统校企合作的痛点，保障产教融合持续深度推进。

"3"是指建立精工班、精工学院（产业学院）和职业能力实训基地三类人才引育载体，促进教育链与产业链深度融合。"2"是指打造"井"字形共享用工平台与资源共享平台，人力资本"蓄""用""流"自如，资源价值最大化。

二 相关主体

"蓄水池"项目涉及的主体主要包括政府、企业、学校、运营服务公司（如爱沃客公司），主要职能分为以下几个方面。

第一，政府是项目的发起者和监管者，其职能体现在四个方面。一是出台相关支持政策，如提供资金支持、税收优惠等，为项目营造良好的政策环境。二是组织公开招标，确定第三方服务机构，协调企业、学校与服务机构的合作。三是负责监督考核，针对"蓄水池"项目，成立审查促进委员会，制定监管制度，定期考核项目执行情况，确保项目质量。四是引导和鼓励产教融合，优化营商环境，解决企业用工难题。

第二，企业根据自身需求，提出技能人才的具体要求，参与精工班的定制化培养。在后续的人才培养培训过程中，用人企业需要深度参与学校的专业规划、教材开发、教学设计等，不仅确保了人才的培养与用人企业的实际岗位需求紧密衔接，而且通过获得政府的政策支持，可以获得一定的经济收益。另外，企业参与共享用工机制，通过"蓄水池"项目灵活调配人力资源，可以解决季节性用工波动问题，降低用人成本。

第三，学校是技能人才培养的主要载体，在产教融合工作中，负责提供理论教学、专业课程以及与企业合作的实践课程。学校与企业共建精工班，服务机构为学生提供定制化的职业能力提升和实践课程。通过"蓄水池"项目，学校可以为"入池"企业提供技能人才和普工人才，通过高质量就业提升学校声誉，推动学校发展进入良性循环轨道。

第四，运营服务机构是爱沃客公司。爱沃客公司在整个

"蓄水池"项目中发挥关键性的作用。一是负责项目的日常运营管理，包括项目运营体系建立、规章制度制定、流程制定与执行、资源开发与维护、学生跟踪服务等。二是主导产教融合业务，将企业需求转化为技能人才培养方案，通过校企合作或共建产业学院培养人才，满足用人单位的需要。三是建立线上平台，实现人力资源管理的系统化、网络化、智能化，提升人力资源"蓄水池"项目运营效率。

三 主要做法

1. 产教融合

人力资源"蓄水池"平台是一个连接企业与教育资源的桥梁。该平台上的企业会提交其对技能人才的需求和培养规划，基于这些需求，在政府的指导下，平台运营服务公司与学校进行专业共建和产业学院共建。这意味着企业需求直接驱动教育内容和课程设置，确保了教育与就业市场紧密贴合。在专业共建方面，运营服务公司通过精工班和精工学院等形式，专注于特定领域的技能培养。例如，针对新能源汽车和智能制造等当地十大新兴产业，设立专业人才集群和产业人才集群，以应对产业升级转型的快速需求。"精工班"侧重于专业技能，而"精工学院"侧重于整个产业链的综合能力培养。爱沃客公司推动产教深度融合，不只是将企业生产线引入学校或学校设备升级，而是从思想、就业意识、素质等多方面培养学生，确保其符合企业要求。从入学开始，学生就被教育适应未来工作环境，传输企业文化，包括可能需要轮班、加班等，以增强学生未来实训的适应性和接受度。在政校企合作中，学校负责理论与部分实操教学，平台运营服务公司则着重于实操训练和对接企业需求，共同解决技能人才短缺问题。"蓄水池"项目的筛选机制保证了加入的企业具有较大的规模、产值和良好的岗位质量，保障了学生的就业质量。截至记录时间点，"蓄水池"项目已成功建设精工班133个，培养技能人才6004人，精工带动普工20000余人，有效缓解了技能人才的短缺问题。

校企合作盈利模式关系到产教融合业务的可持续性，在这一方面平台运营服务公司探索了不同的模式，包括从政府购买服务到市场化运营，通过向职业教育端和产业端双向延伸服务，构建高质量技能人才供应链体系，打通应用型人才培养及就业全生态。此外，平台运营服务公司还提出建设公共实训基地的设想，通过与学校及企业合作，探索周期性或更灵活的实训安排，为学生就业能力的提升提供综合解决方案。通过定向招生、定向培养、定向输送的方式，提高了学生对企业的认知度，这些人才在到岗后展现出了较高的专业性和适应能力，留任率显著提升，目前技能人才的稳岗率达90%以上。

2. 共享用工

人力资源"蓄水池"匹配供求信息的功能，允许员工在不同企业间灵活调配，解决企业订单波动带来的临时用工需求，同时也保障了员工的稳定就业和社会保险连续性。不同企业用工生产周期、季节性需求或突发状况导致了劳动力供需不平衡，如在某些时段面临用工紧张，而在另一时段则可能面临员工过剩的情况。企业和员工需协商一致，并明确工作期限、薪酬发放、权益保障等条款。共享用工机制的核心在于通过合作企业间的员工临时调配，实现人力资源的高效利用，既帮助企业降低成本，又保障员工就业稳定性和收入来源。在此过程中，原企业与员工的劳动关系保持不变。通过共享用工机制，共为33家企业提供了50批次的员工调配，涉及4784人次的员工共享，极大地缓解了企业临时用工需求，尤其是在新冠疫情期间，有效解决了复工复产的用人难题。

需要特别指出的是，共享用工机制的有效运行，离不开政府的政策创新。一方面，政府要出台相应的法律法规，明确共享用工的合法性，如工伤认定、工资发放标准等，打破法律障碍。另一方面，需要建立共享用工平台，作为信息交流与调配中心，便于企业间快速匹配需求。平台企业监督实施过程，确保各方权益，调解纠纷，如代发工资、开具发票等问题。政府提供财政补贴、税收优惠等激励政策，鼓励企业参与共享用工，减轻企业成本压力。劳动者在共享用工期间，工资通常由实际用工企业支付给原企业后再由原企业发放给员工，或通过平台支付给员工，与此同时，各种社保支出和福利不变。任务结束后，员工返回原企业，维持原有劳动关系不变。

四 有益经验

"蓄水池"项目之所以能够良好运营，关键在于其整合了政府的政策支持、市场信息的精准对接以及运营服务企业的高效运营，这三大支柱共同构建了一个稳定且高效的生态系统。

首先，政府的政策支持和规范约束是"蓄水池"项目得以稳健推进的基石。"蓄水池"项目起源于合肥经开区政府服务企业的目的，在建设过程中得到了政府的政策支持，包括资金补助、政策引导以及法律法规的制定。例如，政府为"蓄水池"项目提供开发维护费，按照实际参与实习就业的学生人数给予中标供应商每人次600元的补贴，为"蓄水池"项目实施提供了一定的运营经费支持。同时，政府通过明确的考核标准和奖励机制，确保了"蓄水池"项目的高效执行和质量控制。如在标准化课程制定、第三课堂管理、活动策划执行、政策申请与落实等方面设置详细的规章制度，成立审查考核委员会对"蓄水池"项目的各个环节进行综合考核等。

其次，打通人才链供需两端的信息不对称，是"蓄水池"项目能够存在的核心。在传统模式下，企业经常面临技能人才短缺和招聘难的问题，而职业院校的学生难以找到对口的就业岗位，这种信息不对称导致人才资源和人力资本投入的低效率使用。"蓄水池"项目通过整合政府、企业、学校的资源，精准对接企业对技能人才的即时需求与职业院校的教育培养，通过精工班等定向培养模式，直接将教育与产业需求相结合，确保学生所学与企业所需高度一致，从而实现人才与岗位的精准匹配。通过共享平台，项目创新性地推出了"共享用工"模式，企业可以更高效地发布用工需求，通过搭建"井"字形共享用工平台，灵活调配人力资源，解决了企业因生产淡旺季变化带来的用工波动问题。

最后，运营企业的产教融合业务运营能力是确保"蓄水池"项目持续性和良性发展的关键。"蓄水池"项目是一个复杂的人力资源配置系统，需要运营服务企业具有专业知识、管理能力和创新能力，平台服务公司作为"蓄水池"项目的运营主体，具备三个方面的优势。一是资源整合能力，整合用人企业、学校和政府等多方面需求与资源，根据需求定制化开设精工班，确保教育内容与市场需求紧密相连。二是具有产教融合业务的专业化运营能力，涵盖从资源整合、课程设计、日常管理、技术支持、活动策划、政策落实到风险管理等多方面的运营能力。三是数据平台建设与管理能力，将线上平台作为信息集散地，有效连接企业、学校和学生的诉求，提高信息传递效率，促进人才的精准匹配，同时也便于数据收集与分析，为优化"蓄水池"项目提供决策支持。

第三节　人力资源"蓄水池"的理论探索

理解人力资源"蓄水池"的功能和存在意义需要对其本质进行理性思考，这就需要借助现有的经济理论。根据上文对"蓄水池"项目内容的分析，其涉及劳动力池效应、劳动力搜寻匹配理论、人力资本匹配理论、资产异质性理论组合等问题。本章从这四个方面考察相关理论与"蓄水池"项目的关系。

一 劳动力池效应

技能劳动力的有效供给是产业集聚的必要条件。早在19世纪末,马歇尔就提出企业地理集聚有三个条件,即区域劳动力池的形成、地理邻近带来的运输成本节约、企业集中布局产生的技术外溢效应。马歇尔所说的劳动力池也就是本章探讨的人力资源"蓄水池"。马歇尔认为,劳动力池为企业发展提供了稳定的技术工人市场,企业布局更倾向于选择容易找到适合技能人才的位置,技能人才也愿意去就业岗位集中的地方。因此,劳动力池的形成对企业和劳动者都有好处,使产业集聚和劳动力集聚之间产生正向反馈,为区域经济增长提供持续的动力。

二 劳动力搜寻匹配理论

马歇尔的劳动力池理论从集聚经济和规模经济角度,解释了劳动力为什么会集聚,但并未解释劳动力供给和企业需求如何匹配。[1] 劳动力搜寻匹配理论为人力资源"蓄水池"的形成提供了微观机制。劳动力搜寻匹配理论引入企业需求因素,综合考虑了劳动者寻找工作的行为、企业提供职位的行为以及劳动者和职位之间的匹配过程。[2] 在择业过程中,劳动者和雇主需要相互搜集对方信息。但获取信息并不是无成本的,甚至是成本高昂的,如果信息成本过高会阻碍劳动力配置的实现。信息

---

[1] [英]马歇尔:《经济学原理》(上卷),朱志泰译,商务印书馆2011年版。

[2] Kenneth Burdett, Dale Mortensen, "Search Layoffs and Labor Market Equilibrium", *Journal of Political Economy*, 88(4), 1980: 652-672; Mortensen, Dale T., "Chapter 15 Job Search and Labor Market Analysis", *Handbook of Labor Economics*, (2), 1986: 849-919; Mortensen D. T., Pissarides C. A., "New Developments in Models of Search in The Labor Market", *CEPR Discussion Papers*, 1999.

的获取和使用具有规模经济特征,随着信息汇集量的增加,获取渠道会更加专业化、流程化,从而降低信息搜集成本。传统的劳动力配置主要通过人力资源市场,通过个人信息登记实现需求信息的汇总,但随着信息技术的进步,网络平台的作用日益凸显,信息利用边际成本不断下降,与过去相比,信息搜寻成本几乎可以忽略不计。人力资源"蓄水池"发挥着区域劳动力市场信息搜集的功能,个体劳动者一旦进入人力资源"蓄水池",就能以很低廉的价格使用信息,从而降低劳动力搜寻匹配成本。

三 人力资本匹配理论

人力资本匹配理论主要解释了在技术革新和产业升级日益加快的背景下,人力资本和技术不匹配问题产生的原因及其影响。Chanaron 等指出,技术能力是技术升级和进步的基础,不同类型的人力资本对技术能力的影响各异,因此,在技术能力发展的不同阶段需要相应的人力资本结构来支持。[①] Acemoglu 和 Zilibotti 也认为,发达地区能够利用先进技术实现产业升级是因为其有高素质劳动力,而落后地区缺乏技能劳动力导致不能利用先进技术。[②] 劳动力搜寻匹配成本更多是增加劳动力市场的摩擦性失业,而人力资本结构和企业技术能力的不匹配加剧了市场的结构性失业,因而有更深远的影响。但由于知识外部性和交易成本问题的存在,市场机制自身并不能自动实现人力资本积累与企业技能人才需求相匹配,需要一个组织提供准公共产品,将各方利益协调起来。人力资源"蓄水池"通过汇聚信息、资源共享、利益协同,提高人力资源市场资源效率和降低

[①] Chanaron, Jean-Jacques and Jacques Perrin, "The Transfer of Research, Development and Design to Developing Countries: Analysis and Proposals", *Futures*, (19), 1987: 503-512.

[②] Acemoglu D., Zilibotti F., "Productivity Differences", *Quarterly Journal of Economics*, 116 (2), 2001: 563-606.

交易成本，促进人力资本积累供需相匹配。

四 资产异质性理论

人才供应链涵盖人才的培养到配置各个环节，涉及不同的主体，而不同主体掌握不同的资源或者生产要素，因此，锻造人才供应链必须处理好不同资源的组合与协作问题。制度经济学家威廉森认为，资产对于特定使用者来说都具有专用性①，生产过程就是将这些专用性资本有效组合的过程。一个项目是否能盈利，取决于各类资源组合状态，不同的组合产生不同的生产效率。然而，随着资本专用性的增强，资本间属性差异变大，不同资本在融合过程中的难度也将增大。这是因为异质性资本的有效组合需要缔造复杂的契约，这个缔约过程会产生高额的交易成本②，而过高的交易成本会导致项目失败。反之，不同资本和其他资源之间实现专业化协作后，就能产生竞争优势，使项目的经济价值提高。③

从"蓄水池"项目来看，它将人才链各环节集成在一个项目包中，不同环节涉及主体和投入资本不同，因而会涉及异质性资本组合问题。以其中的"校企合作"环节为例，合作中涉及政府、学校、企业等主体，从各方掌握的资源来看，政府可能提供实训基地，学校提供理论教师、场地和部分实训设备，企业提供培养标准、企业导师、学生管理教师，也提供部分实

---

① Williamson O. E., *The Economic Institutions of Capitalism*, New York: Free Press, 1985; Hart Oliver and John Moore, "Property Rights and The Nature of the Firm", *Journal of Political Economy*, 98 (6), 1990: 1119-1158.

② [丹] 尼古莱·J. 福斯、[美] 彼得·G. 克莱因：《企业家的企业理论：研究企业的新视角》，朱海就、王敬敬、屠禹潇译，中国社会科学出版社2020年版。

③ Teece D. J., Pisano G. and Shuen A., "Dynamic Capabilities and Strategic Management", *Strategic Management Journal*, 2009: 509-533.

训设备。由于不同的主体利益导向和所属资产都是不同的，先要协调好各方利益，为此围绕资产进行一个博弈和缔约的过程。目前，"蓄水池"项目的运营企业已经与几十家学校开展产业学院和专业共建合作，可以说已经走通了异质性资产融合的商业模式。

第四节 启示与建议

一 政府支持是"蓄水池"项目及类似项目能够产生的前提

首先，政府信用背书是各方参与"蓄水池"项目的关键。市场化的企业一般来说公信力不够强，由其发起"蓄水池"项目很难得到其他企业和学校的响应。"蓄水池"项目开始运营后，政府通过明确的考核标准和奖励机制，如年度考核合格后拨付服务费，确保了"蓄水池"项目的高效执行和质量控制，提升了"蓄水池"项目整体的信誉度和可靠性，使企业和项目的声誉不断积累，促进项目运行的良性循环。其次，"蓄水池"项目的启动资金很重要，在初期运营模式和盈利模式还没有完全成熟的情况下，政府财政资金支持能够维持运营企业基本的运营投入，确保了"蓄水池"项目的顺利启动和存续。再次，政府通过搭建平台，促进企业、院校和运营服务企业之间的信息交流与合作，打破了信息孤岛，实现了资源的最优配置。这种跨部门、跨行业的合作机制，是市场机制难以自发形成的。

二 制度和政策应更具包容性，鼓励各类专业性企业运营学校资产

一方面，支持学校和企业共建实训基地或产业学院，探索基地所有权和经营权分开，允许学校获得合理收益，允许企业通过市场化手段运营，提升其造血能力；依托实际产业项目，

鼓励学生和教师参与到"蓄水池"项目的运营和实施中,以此完成产业学院或专业群从建设、运营到学生实践培养的闭环。另一方面,坚持"两个毫不动摇"和"专业的人干专业的事"的原则,无论是国有企业还是民营企业,只要其运营能力过硬,就可以将其引入并作为学校资产运营的主体;政府也应根据贡献给予民营企业参与产教融合"真金白银"的支持。此外,要本着以人为本的理念,增强产教融合政策的普惠性,尽量避免地方财政收入差异引起的两极分化问题,政策支持要更多考虑产教融合工作本身,应补尽补,让更多学生受益。

三 信息化赋能促进人才链和产业链深度融合

信息化平台的建设,如"蓄水池"的线上管理系统,提供了实时更新的供需信息,有效打破了信息壁垒。企业可以快速发布人才需求,教育机构则能及时调整教学内容以匹配市场需求,学生也能直观了解到行业动态和岗位要求,从而实现人才供给与需求的高效对接。这种透明化、即时化的信息流,大大缩短了人才链与产业链之间的反应时间,加速了二者的融合进程。借助大数据分析技术,信息化平台能够对人才市场趋势、企业需求偏好、学校培养能力等进行深入分析,为人才链与产业链的精准匹配提供科学依据。通过算法模型,系统可以预测未来行业的人才需求,指导教育机构前瞻性地调整人才培养方向和课程设置,确保人才的输出与产业链需求高度吻合。基于人工智能的智能推荐系统,可以根据个人职业发展规划、兴趣爱好以及产业链发展趋势,为人才提供个性化的培训和学习资源推荐,促进人才的个性化成长。这种个性化培养模式,有助于培育出更加多样化、高素质的人才,满足产业链对复合型人才的需求。

参考文献

一 中文文献

（一）著作

［丹］尼古莱·J. 福斯、［美］彼得·G. 克莱因：《企业家的企业理论：研究企业的新视角》，朱海就、王敬敬、屠禹潇译，中国社会科学出版社2020年版。

［美］加里·贝克尔：《人力资本理论：关于教育的理论和实证分析》，郭虹等译，中信出版社2007年版。

［英］马歇尔：《经济学原理》（上卷），朱志泰译，商务印书馆2011年版。

［奥］路德维希·冯·米塞斯：《人的行为》，夏道平译，上海社会科学院出版社2015年版。

［美］西奥多·舒尔茨：《对人进行投资——人口质量经济学》，吴珠华译，首都经济贸易大学出版社2002年版。

（二）期刊

白晶晶：《德国"双元制"对我国职业教育校企合作的启示》，《南通航运职业技术学院学报》2016年第4期。

陈洪捷等：《德国工业技术文化与职业教育（笔谈）》，《中国职业技术教育》2021年第36期。

陈年友、周常青、吴祝平：《产教融合的内涵与实现途径》，《中国高校科技》2014年第8期。

陈志杰：《职业教育产教融合的内涵、本质与实践路径》，《教育与职业》2018年第5期。

姜大源：《高等职业教育的定位》，《武汉职业技术学院学报》2008年第2期。

姜大源：《关于工作过程系统化课程结构的理论基础》，《职教通讯》2006年第1期。

李慧：《职业教育的补充"元"：德国跨企业培训中心本土化路径探析》，《教育科学论坛》2022年第18期。

王丹中：《基点·形态·本质：产教融合的内涵分析》，《职教论坛》2014年第35期。

王孟等：《中国高职教育校企合作现状及影响因素分析》，《课程教育研究》2017年第31期。

王雅静：《德国双元制中国化的组织向度——以新星职校的组织演变为例（1984—2002）》，《教育学术月刊》2021年第3期。

徐平利：《德国"双元制"及其中国实践再审视：文化的视角》，《职业技术教育》2021年第28期。

杨蕊竹、孙善学：《德国双元制教育治理体系研究与借鉴——基于文化历史活动理论的分析》，《北京行政学院学报》2021年第4期。

杨玉宝：《对德国"双元制"职业教育的新认识》，《比较教育研究》2002年第3期。

杨玉梅、宋洪峰、赵军：《企业专用性人力资本：源起、发展及展望》，《劳动经济研究》2019年第6期。

余亚微、陆明克：《德国双元制职业教育质量保障体系》，《职教论坛》2016年第25期。

张瑶瑶、王文礼：《中德学生对待双元制职业教育的态度比较——基于霍夫斯泰德的文化维度理论》，《职教发展研究》2022年第4期。

周丽华、李守福：《企业自主与国家调控——德国"双元制"职业教育的社会文化及制度基础解析》，《比较教育研究》2004年第10期。

二 外文文献

Acemoglu D., Zilibotti F., "Productivity Differences", *Quarterly Journal of Economics*, 116 (2), 2001: 563-606.

Chanaron, Jean-Jacques and Jacques Perrin, "The Transfer of Research, Development and Design to Developing Countries: Analysis and Proposals", *Futures*, (19), 1987: 503-512.

Gibbons, Robert and Michael Waldman, "Task-Specific Human Capital", *American Economic Review*, 94 (2), 2004: 203-207.

Hart, Oliver and John Moore, "Property Rights and The Nature of the Firm", *Journal of Political Economy*, 98 (6), 1990: 1119-1158.

Hashimoto M., "Firm-Specific Human Capital as a Shared Investment", *The American Economic Review*, 71 (3), 1981: 475-482.

Kenneth Burdett, Dale Mortensen, "Search Layoffs and Labor Market Equilibrium", *Journal of Political Economy*, 88 (4), 1980: 652-672.

Lazear, Edward, "Firm-Specific Human Capital: A Skill-Weights Approach", *Journal of Political Economy*, 117, 2009: 914-940.

Mortensen, Dale T., "Chapter 15 Job Search and Labor Market Analysis", Handbook of Labor Economics, (2), 1986: 849-919.

Mortensen D. T., Pissarides C. A., "New Developments in Models of Search in The Labor Market", *CEPR Discussion Papers*, 1999.

Teece D. J., Pisano G. and Shuen A., "Dynamic Capabilities and Strategic Management", *Strategic Management Journal*, 2009: 509-533.

Williamson, O. E., *The Economic Institutions of Capitalism*, New York: Free Press, 1985.

后　　记

　　《人力资源市场发展报告（2024年）——产教融合与技能人才培养》是课题组编写的第二本该系列的著作。本书内容设计分为两大部分，第一部分是利用中国社会科学院人口与劳动经济研究所与人力资源社会保障部人力资源流动管理司联合开展的"人力资源市场动态监测调查"数据，对人力资源市场发展的新形势、新问题进行考察。第二部分是专题报告，每年聚焦人力资源市场领域的一个重点问题或现象，对其产生原因、理论机制和应对措施进行比较系统的研究。2024年关注的主题是"产教融合与技能人才培养"。

　　选择这个主题，一是因为国家对技能人才培养越来越重视，产教融合是落实国家创新驱动发展和人才战略的一项重要举措，作为人口经济学领域的学者，研究和阐述这一重大问题是义不容辞的责任。二是通过几年的研究和观察，课题组发现产教融合确实存在较大的问题。一方面，企业对技能人才求贤若渴，很多企业不惜重金挖掘所需人才；另一方面，大量本科、高职学生面对日益严峻的就业形势，求职之路异常艰难。尽管国家出台了一系列措施，但由于缺乏对产教融合本质内涵和理论基础的认识以及对产教融合成功实践模式的考察，相关政策未能充分回应学校和企业的真实诉求，进而导致产教融合政策未能达到预期。为此，本书尝试针对劳动力市场和职业教育产教融合中存在的问题，给出课题组的观察和回答，以期为缓解企业招引人才难、高校学生就业难问题略尽绵薄之力。

当然，课题组的知识和能力有限，要使本书更全面、更系统和更有针对性，必须打破门户界限，汇聚各方思想。为此，课题组邀请了长期在产教融合领域耕耘的实践者，包括人力资源企业、产教融合运营企业、地方职能部门和部委教育研究机构的专家，参与本书的撰写，他们提供了政策素材和鲜活的实践案例。

本书分工如下：总论由蔡翼飞执笔，课题组共同提供思路；第一章由程杰撰写；第二章由张涛撰写；第三章由管振撰写；第四章由管振撰写；第五章由蔡翼飞撰写；第六章由马佳丽撰写；第七章由蔡翼飞、宋健撰写；第八章由崔华楠、孙常学撰写；第九章由马佳丽、赵春曼撰写。感谢责任编辑李斯佳老师为本书的编辑和出版校对做了大量工作，还要感谢王誉憬、王浩森和巩一凡为本书出版做了很多编校工作。

很遗憾本书到 2024 年年底才完成终稿，于 2025 年上半年正式出版。延期的原因有两个，一是课题组前期花了大量时间补习理论和进行实践调研；二是研究过程中一些新情况和新问题的出现，导致写作进程延缓。总之，由于课题组经验不足、能力有限，书中可能出现各种问题，真诚希望读者能够不吝赐教。

本书编写组成员简介（按照文中写作顺序排序）

蔡翼飞，中国社会科学院人口与劳动经济研究所副研究员，研究方向为人力资源开发应用。本书编写的牵头人。

程杰，中国社会科学院人口与劳动经济研究所副研究员，研究方向为劳动经济与就业政策。

张涛，中国社会科学院人口与劳动经济研究所助理研究员，研究方向为劳动经济与收入分配。

管振，中国社会科学院人口与劳动经济研究所博士后，研究方向为劳动经济和教育经济。

马佳丽，《中国投资》杂志社研究部研究员，中国社会科学院财经战略研究院博士后，研究方向为国际贸易和投资、职业教育。

宋健，北京市密云区发展和改革委员会产业发展科、能源发展科科长，研究方向为产业经济政策。

崔华楠，现代职业教育研究院常务副院长、研究员，研究方向为职业教育。

孙常学，威海职业学院办公室副主任，正高级经济师，研究方向为经济管理、职业教育。

赵春曼，安徽爱沃客信息科技有限公司总经理，研究方向为人力资源管理、职业教育。